U0935804

走进技工院校

点亮技能之光

了解技工教育
品读百年沧桑

孙忠法 编著

中国劳动社会保障出版社

图书在版编目（CIP）数据

点亮技能之光 / 孙忠法编著 . -- 北京 : 中国劳动社会保障出版社 , 2023
ISBN 978-7-5167-5781-9

Ⅰ . ①点…　Ⅱ . ①孙…　Ⅲ . ①技术教育 - 研究 - 中国　Ⅳ . ① G719.2

中国国家版本馆 CIP 数据核字（2023）第 116082 号

中国劳动社会保障出版社出版发行

（北京市惠新东街 1 号　邮政编码：100029）

*

北京市白帆印务有限公司印刷装订　　新华书店经销

787毫米 × 1092毫米　16 开本　7.75印张　100 千字
2023 年 7 月第 1 版　　2023 年 7 月第 1 次印刷

定价：22.00 元

营销中心电话：400-606-6496
出版社网址：http://www.class.com.cn
http://jg.class.com.cn

版权专有　　侵权必究
如有印装差错，请与本社联系调换：（010）81211666
我社将与版权执法机关配合，大力打击盗印、销售和使用盗版图书活动，敬请广大读者协助举报，经查实将给予举报者奖励。
举报电话：（010）64954652

前言

在浩浩荡荡的时代大潮中，选择成为一名工匠，人生能否实现价值？读技工院校究竟有没有前途？相信很多迈入技工院校的青年学子，都会有这些选择的焦虑、思想的困惑。

《点亮技能之光》旨在用通俗易懂的语言回答这些问题。

技能是推动人类文明发展的原动力。从石器时代、青铜器时代、铁器时代一路走来，人类正是凭借劳动技能才摆脱蛮荒，创造出辉煌的文明。

我国自古就有珍视工匠职业、尊重工匠劳动的优良传统。在古代，工匠被称为“百工”，人们对技艺高超的工匠非常推崇。薪火相传的能工巧匠们留下了数不胜数的传世佳作，为后人所仰慕，为世界所赞美。

近代以来，中国经历了长达百余年的国破山河碎的悲惨历史。在“自强”“求富”的洋务运动中，清大臣沈葆桢在福建马尾设立船政学堂，增设培养造船修船技术工人的“艺圃”，开启了学校培养技工的先河，标志着我国近代技工学校的诞生。肩负着“自强”“求富”的使命走上历史舞台，中国技工教育发端即与国家民族命运紧密相连，奠定了为国为民的深沉底色。

在波澜壮阔的历史进程中，技工教育从无到有、从弱到强，从技工院校走出的一批又一批优秀青年成为经济社会发展不可或缺的技能人才。他们运斤如风、削铁如泥，断长续短、鬼斧神工，推动中国制造、中国创造潮涌东方、照亮世界。

党的十八大以来，党中央、国务院高度重视技能人才队伍建设，技工教育发展迎来新的春天。目前，我国已形成了以技师学院为龙头、以高级技工学校为骨干、以普通技工学校为基础的现代技工教育体系。“技能改变人生”，“选择技工教育，一样可以出彩”，技工教育为有梦想的年轻人插上了腾飞的翅膀，正越来越受到青睐。

岁月如歌，只为追梦者咏。当今世界，新一轮科技革命和产业变革深入发展，我们比以往任何时候都需要更多高技能人才。习近平总书记多次强调，要培养更多高素质技术技能人才、能工巧匠、大国工匠，激励更多劳动者特别是青年一代走技能成才、技能报国之路。当代中国青年生逢其时，施展才干的舞台无比广阔，实现梦想的前景无比光明。希望技工院校学生通过阅读这本读物，切实增强职业荣誉感、使命感，立志技能成才，坚定技能报国，在实现中华民族伟大复兴的时代洪流中绽放青春风采。

编者

2023 年 6 月

第一章 生于忧患 致力图强

百工技艺传薪火 …… 3
救国图强创技校 …… 13
战火硝烟担使命 …… 22

第二章 服务建设 蓬勃兴起

破解失业抓训练 …… 33
广育人才促建设 …… 38
地位彰显享荣光 …… 44

第三章 改革开放 飞跃发展

壮阔大潮踏浪行 …………………………………………… 51

兴企强国金蓝领 …………………………………………… 62

搭建成才大舞台 …………………………………………… 69

第四章 非凡十年 技能闪耀

技工教育正逢春 …………………………………………… 77

闪耀世界中国红 …………………………………………… 89

技能辉映中国梦 …………………………………………… 98

逐梦起航新征程 ……………………………………………108

后记 ……………………………………………………………115

第一章

生于忧患　致力图强

劳动创造了世界。

——马克思

◎ 百工技艺传薪火 ◎

这是历经岁月沧桑仍熠熠生辉的人类文明瑰宝：埃及金字塔，希腊帕特农神庙，中国万里长城、京杭大运河……

这是现代生活中充满科技与力量的设备：奏响喜人秋收乐章的收割机，构筑出摩天大楼崭新天际线的塔吊，成为人类文明新起点的空间站……

是什么驱动着人类从洪荒走向现代文明？是什么支撑着人类社会稳步繁荣兴盛、日新月异？

▲长城已经成为中华文明的重要象征

这是一种能够改变世界的力量——技能。

人类发展史，既是劳动史，也是技能发展史。

在人类进化历程中，为了生存，人类开始生产劳动。通过不停地探索和改造世界，人们逐渐掌握了一系列生产技术，比如制造木器、石器、骨器、角器、陶器等。在漫长的历史长河里，凭借这些技能技术，人类得以生存并提升了生活质量。

劳动技能，让人类摆脱蛮荒，创造历史。社会分工，则催生出了职业和职业技能教育。

技能探秘

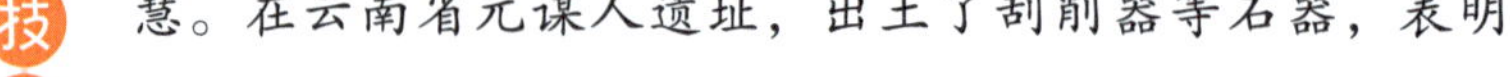

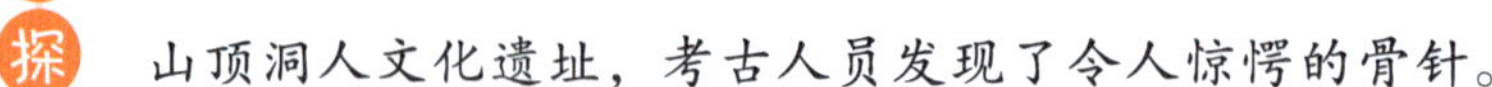

在诸多考古发现中，我们可以一窥早期人类的技能智慧。在云南省元谋人遗址，出土了刮削器等石器，表明距今约 170 万年，元谋人已会制造工具。在北京房山区山顶洞人文化遗址，考古人员发现了令人惊愕的骨针。针身最粗处直径 3.3 毫米，针尖圆而锐利。这是世界上所知最早的缝纫工具。

▲元谋人的刮削器

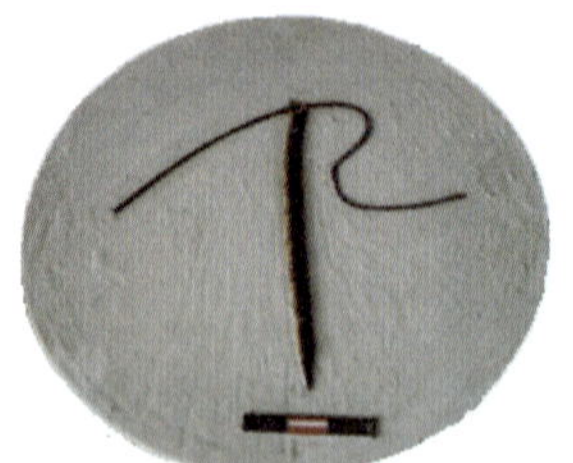
▲山顶洞人的骨针

早期人类社会，人们一起采集果实、狩猎。一个人可能既做木匠，又当铁匠，也当石匠。这个阶段，每个人的生产职责和分工模糊，没有边界，生产效率无疑也是低下的。在漫长的历史演进过程中，为了提高效率，专门从事某项生产劳作的群体开始出现，促使手工业逐渐脱离了农业，形成独立的生产部门，出现社会大分工，成为早期工艺技术及其专门教育的开始。据《周礼・冬官考工记》（以下简称《考工记》）记载，当时官营手工业已有专业分工，有木工、金工、皮革工、染色工、玉工、陶工等 6 大类 30 个工种。这些工种均有一定的师带徒培训制度，培养造就了大批专业工匠。鲁班、干将、莫邪等都是这种制度下相继出现的能工巧匠。

▲国家博物馆陈列的山顶洞人生活场景

《考工记》开篇说道：“国有六职，百工与居一焉。”“六职”即王公、士大夫、百工、商旅、农夫、妇功。其中，“百工”即指当时的手工业从业者。

《考工记》记载手工业者有 6 大类 30 个工种。其中，攻木之工有 7 种，攻金之工有 6 种，攻皮之工有 5 种，设色之工有 5 种，刮摩之工（玉石之工）有 5 种，抟埴之工（陶工）有 2 种。分工细密，人尽其能，则有助于工匠技艺专精。

《考工记》对“工”的见解非常准确：“知者创物，巧者述之守之，世谓之工。”这也是对工匠们精妙技艺的歌颂。

在中华民族浩瀚的历史中，工匠是一种伟大的存在。

在《诗经》中，有“如切如磋，如琢如磨”的佳句，来表彰工匠在对骨器、象牙、玉石进行制作时所表现出来的一丝不苟、精益求精的精神。在《庄子》中，“运斤成风”“鬼斧神工”“庖丁解牛”等成语，是中国古代工匠出神入化技艺的真实写照，也是对他们追求卓越的由衷赞美。

积淀着经年累月淬炼而成的珍贵技艺，工匠成为技术创新的主体，承担着集发明、创新、设计、生产等于一体的职责，是推动古代技术发展的中坚力量。

技能，经由他们言传身教，世代相传，生生不息。上下五千年，技能的传承以其特有的形式延续。

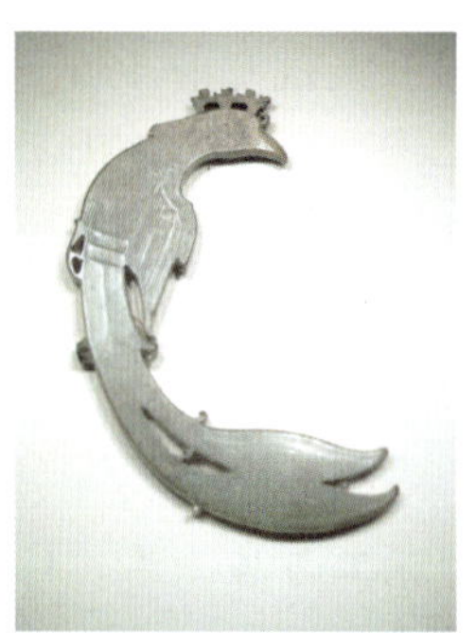

▲商代玉凤

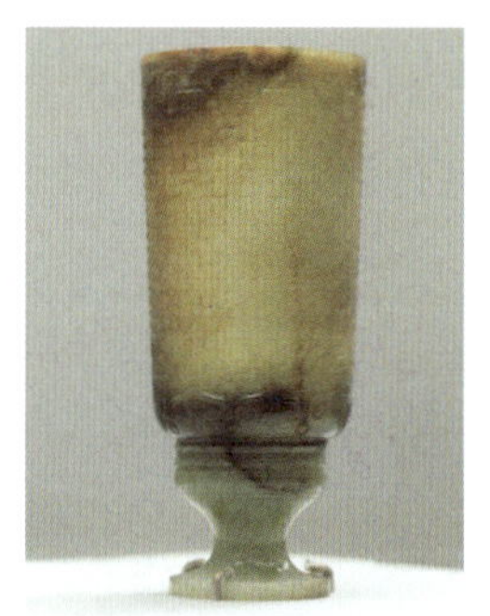

▲秦代云纹高足玉杯

▲宋代钧窑月白釉出戟尊

▲清代翠玉白菜

官府主导

因营造、制作需要，官府集中了大量的能工巧匠，培训的制度、管理等都比较完善，促进了技能的延续、发展。

师徒相传

手工制作具有独特性，很少或者基本上没有成文的教材。拜师学艺、言传身教，对技艺传承起到了至关重要的作用。

家传技艺

一些手工业者经过长期不断钻研，掌握了领先的技能、绝技，出于保密的需要，传承技术时，往往采取父传子、子传孙的方式进行。

为了促使工匠精益求精，我国古代社会一直传承着“物勒工名”的监管制度。

“物勒工名”制度出现于春秋战国时期。《礼记·月令》中记载：“物勒工名，以考其诚，功有不当，必行其罪，以穷其情。”它是指器物的制造者要把自己的名字刻在器物上面，对其质量负责，以便追究责任，避免偷工减料等。今天，在考古发掘出土的文物上、古城墙上，经常可以见到古代匠人的名字，说明这一制度起源很早，源远流长。

> 物勒工名，以考其诚，功有不当，必行其罪，以穷其情。
>
> ——《礼记·月令》

这一制度既明确了制造者的责任，也赋予了制造者以荣誉。在现代，各类建筑物、隧道、桥梁上都有永久性标牌，标记着建设、施工单位以及项目负责人姓名等，依然有着“物勒工名”制度的影子。

▲吕不韦戈（戈内部两面的铭文共23个字）

▲正面刻铭：九年相邦吕不韦造蜀守金东工守文居戈三成都

▲背面铸文：蜀东工

在古代，拥有娴熟技艺、具有丰富经验的工匠，一直备受劳动人民尊敬。中国传说中的民族先祖，几乎都是掌握先进劳动技能的典范。百姓尊称作出巨大贡献的工匠为“圣人”。据《考工记》记载：“百工之事，皆圣人之作也。”

黄帝，中华民族的人文初祖。相传他在五千多年前发明了“车”。《太平御览》记载：“黄帝造车，故号轩辕氏。”

鲁班，传说他发明了锯子、墨斗、刨子以及磨、碾子、云梯等器具，被称为“百工圣祖”。如今中国建筑行业的最高奖项“鲁班奖”，就是以他的名字命名的。

墨子，发明了用机械力量代替人拉弓的连弩车、掷车、转射机等，被尊为“科圣”。

黄道婆，发明和改进了纺织机械，被百姓奉为“纺织之神”。至今，上海地区与黄道婆有关的祠、庙、堂等有十多处。

在一代又一代工匠的努力下，中国古代科学技术在世界文明史上书写了光辉灿烂的篇章。

从“制造奇特，人不知其所以为”的赵州桥，到被誉为“稀世珍宝”的曾侯乙编钟，从“薄如蝉翼、轻若烟雾”的素纱禅衣，到其釉如“雨过天青云破处”“千峰碧波翠色来”的北宋汝瓷，工匠们留下了无数巧夺天工的艺术品。历史上，中国的丝绸、瓷器、漆器、金银器等产品都曾是世界各国王公贵族和富裕阶层的宠儿。中国古代任何一项科技成就都饱含着工匠们艰辛的探索。

▲赵州桥

▲曾侯乙编钟

▲素纱禅衣

▲汝窑青釉盏托

在漫长的历史长河中，工匠们不仅创造了辉煌的物质成果，满足了人们的生活需求，也以不屈不挠的顽强意志、勇于探索的创新精神和非凡卓越的聪明才智，创造和丰富了灿烂的精神文明。在世世代代的坚守中，工匠们为中华文明延续发展、领先世界，推动中华文明的车轮滚滚向前作出了巨大贡献。

循大道，至万里。今天，越来越多的手工劳作让位于精确高效的精密机器，数字时代不可逆转地到来。但无论时代如何发展，世代相传的工匠精神没有变，技能和技能人才的作用仍然无可替代。让我们从历史中汲取力量，在技能发展的道路上坚定前行。

在漫长的历史长河中，我国古代涌现了大量能工巧匠，其技艺之高超，作品之精美，创造了辉煌灿烂的古代物质文明。请你通过书籍阅读、网络搜索等方式，搜寻历史上的著名工匠，填写下表。

工匠姓名	年代	贡献

◎ 救国图强创技校 ◎

这是 1898 年 7 月的一天，在香港的报摊上，一份报纸引起轰动，引得人们争相购买。原来，报纸上刊登了一幅时事漫画。画面上，熊、鹰、犬、蛤蟆等“列强”盘踞中国版图，觊觎着中国这块“肥肉”。

这就是中国近代史上著名的《时局图》，它反映出中国近代一段屈辱的历史。

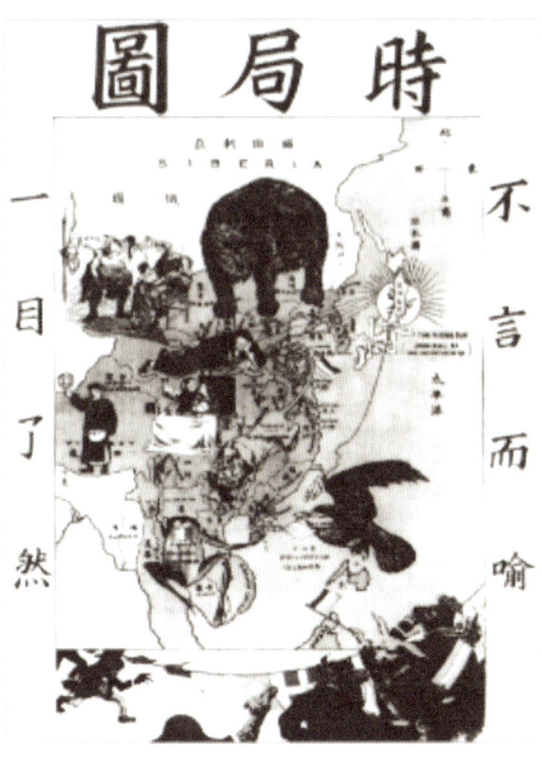

▲《时局图》

自鸦片战争后，近代中国遭遇深重的民族危机。在西方列强的坚船利炮下，中国成为任人宰割的对象，进入了一个充满动荡与变革的时期。面对风雨如晦、长夜如磐，无数仁人志士发出共同的呐喊：中国向何处去？曙光从何处来？

在外患内忧的背景下，清政府内部的一些官员领导并推动了一场影响广泛的洋务运动。

经过两次鸦片战争，认识到西方坚船利炮威力的官僚，如曾国藩、李鸿章、左宗棠等，开始推行一系列以“自强”“求富”为目标的洋务新政，被称为洋务运动。推行洋务新政的官僚被称为洋务派。洋务派主张并利用官办、官督商办、官商合办等方式发展新型工业，增强国力。

为了“自强”，洋务派通过引进西方的机器设备和技术开始创办军事工业。曾国藩创建的安庆内军械所，就是洋务派开办的第一个兵工厂。接着，李鸿章在上海创办江南制造局，生产枪炮、炸药和轮船。为了“求富”，在继续兴办军事工业的同时，洋务派还创办了一些民用工业。其中比较著名的有李鸿章筹办的轮船招商局、上海机器织布局、开平矿务局，张之洞兴办的汉阳铁厂等。19 世纪 80 年代，开平矿务局还修建铁路运煤，开创了中国铁路运输事业。

洋务运动以“自强”“求富”为口号，旨在通过学习西方国家技术实现强国目的。全国上下开始轰轰烈烈地兴办工矿，设厂制械，造枪造炮，制造船舶。为适应洋务运动对人才的需求，以政府为主导，各地开办了一批专门培养语言、军事、技术人才的学堂。

▲天津水师学堂学生进行炮法操练

»

历史的洪流激起朵朵浪花。技工教育的历史长卷，在不经意中从这里展开。

“机器易造，人才难求”“船政根本，在于学堂”。1866年，闽浙总督左宗棠及其继任者沈葆桢在福建马尾设立从事造船的机构福州船政局，专门附设了培养造船、驾驶人才的学堂，初名求是堂艺局，后改称为福建船政学堂。

▲福建船政学堂

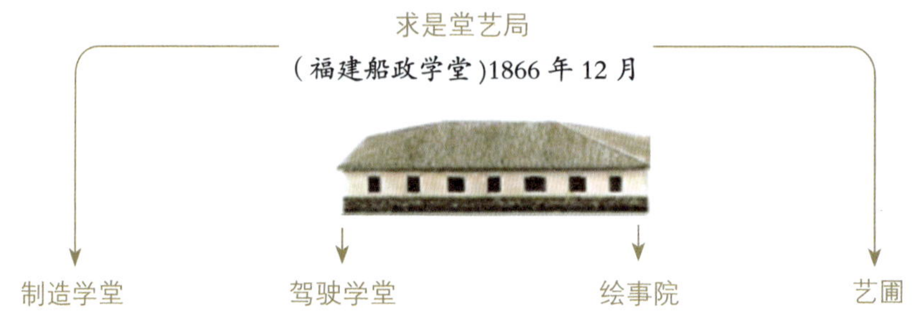

为了培养造船修船的技术工人，1868 年 2 月，福建船政学堂增设“艺圃”，选择有一定学习能力的工人进行专门培养，其学生叫作“艺童”或者“艺徒”，5 年学制，首批招收 100 多人，采取半工半读、工学结合的方式培养技术工人。

后来，艺圃同时分设艺徒学堂和匠首学堂，由“艺徒”择优升入“匠首”。用现在的话来说，艺徒学堂培养中级技工，其优秀毕业生可以升入匠首学堂，进一步接受培养，成为高级技工和技师。

这所学校尽管幼稚、弱小，但它几乎包含了后来我国技工院校的全部生长基因和发展元素，因此被学界公认为中国第一所技工学校。

艺圃的设立对中国技工教育具有重要意义，标志着我国近代技工学校的诞生，开启了学校培养技工的先河。

大事记

1868 年，福建船政学堂增设“艺圃”，是中国第一所技工学校。

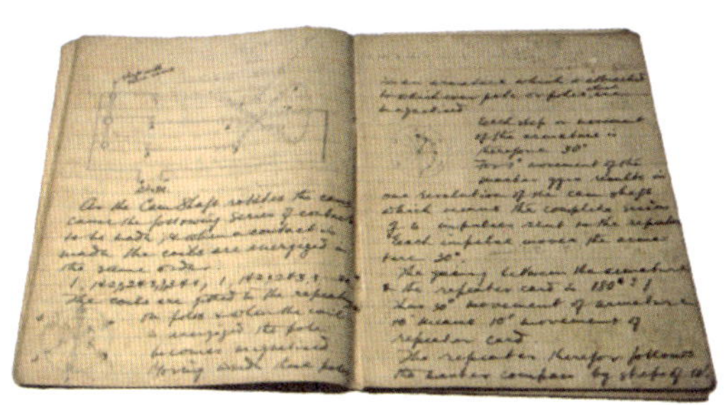

▲福建船政学堂学生的笔记本

肩负着“自强”“求富”的使命走上历史舞台，中国技工教育发端即与国家民族命运紧密相连，奠定了为国为民的深沉底色。

由于教学与实践的紧密结合，加上艺圃的学生志向远大，很多人成为业界中坚和骨干。学校先后建造出我国第一艘千吨级轮船、第一台蒸汽机、第一艘钢甲巡洋舰……

1873 年，学校试行让学制造专业的学生和艺童“放手自造”，沈葆桢高兴地写道：“验其工程均能一一吻合。”

自此以后，薪火传衍，教泽绵绵，蔚然成风。

▲第一艘千吨级轮船——万年清号（模型）

▲福建船政学堂部分学生照片

»

历史的车轮滚滚向前。

19 世纪末至 20 世纪初，面对“数千年未有之变局”，为了把灾难深重的中华民族从黑暗中拯救出来，众多志士仁人怀着救世、济民、兴国的梦想，在中国大地上掀起实业救国热潮。他们深刻认识到，发展民族工业，教育必须同步发展。他们在技工教育方面展开的探索，在中国历史舞台上留下浓墨重彩的一笔。

1898 年，为培养工程师、技术工人等应用型人才，张之洞创办湖北工艺学堂，课程包括汽机、车床、绘图、翻砂、木作等。1904 年，学堂改名为湖北高等工艺学堂。学堂要求学生“各项工艺，必须亲手操作”，在这样的培养方式下，学堂的学生动手能力很强。1905 年，学生们制造的织布机、剪草机等新式机器和枪弹皮盒等 11 种产品，已经可以进入市场销售。1912 年，《申报》报道，一名叫田飞凤的学生发明了一种类似于飞艇的飞行车，得到了湖北民政长的嘉奖。

▲湖北工艺学堂

1912 年，实业家张謇在江苏南通创办纺织染传习所，培养出我国第一代纺纱纺织技术工人。1914 年，张謇又创办了女工传习所。这是我国第一所刺绣专业学校，为民族纺织业的发展培养了大量人才。张謇主张“学必期于用，用必适于地”，以培养知行并进、学做合一的技能人才，对技工教育产生了重大影响。

▲女工传习所

1917年，黄炎培联合同仁发起成立我国历史上第一个职业教育社团——中华职业教育社。黄炎培认为，职业教育在学校教育制度上的地位应是一贯的、整个的和正统的。他提出“使无业者有业，使有业者乐业”的教育目标，开启了以就业为导向的职业教育理念的先河；坚持“手脑并用”“做学合一”的教学原则，注重培养职业道德。他创办的中华职业学校，培养了张闻天、华罗庚、顾准、江竹筠、秦怡等知名人士。在抗战期间修建滇缅公路的工程技术人员中，有一半以上是来自该校土木科、机械科的毕业生，为构筑中华民族的生命线作出了巨大贡献。

▲中华职业学校学生在铁工教室实习

▲中华职业学校学生在木工场地实习

这些探索是近代中国追求民族进步、自强不息的一个缩影。先辈们在风雨如晦的中国苦苦探寻民族复兴的道路，创造出这种人才培养模式，让人们由衷地充满敬意。

通过这些实业教育、职业教育，一大批有知识、有技术的人员进入了当时的工矿企业当中，成为中国早期工人阶级队伍中的优秀代表。中国近代技工教育的发展，为工人阶级成长壮大并成为中国革命的领导阶级积蓄了力量、创造了条件。

1868 年，清朝船政大臣沈葆桢在福建船政学堂开设艺圃，培养造船修船的技术工人。艺圃是中国第一所技工学校，开设木匠、铁匠、船身、船机 4 个专业，采取半天课堂学习、半天下厂实习的方式，学制 5 年。

查找资料，进一步了解艺圃成立的历史背景，说一说当时艺圃肩负的重要使命。

◎ 战火硝烟担使命 ◎

北京，中国人民革命军事博物馆里，陈列着一部电台。这部珍贵且特殊的文物，见证着中国人民解放军无线电通信事业的发展，也见证着在战火纷飞的岁月中技工教育的成长和发展。

▲这是中国工农红军第一部电台，1930 年底由红一方面军在龙冈战斗中缴获

1921 年 7 月，中国共产党成立，这是中国历史上开天辟地的大事件。中国共产党一诞生，就肩负起争取民族独立人民解放、实现国家富强人民幸福的两大历史任务。在党的领导下，技工教育以旺盛的生命力继续发展，开启了新纪元。

红军时期，多种形式的技能培训广泛开展。

1931 年，《中华苏维埃共和国劳动法》专门规定：“设立厂或商埠学校，以提高青年工人的熟练程度，并给他们以补充教育，经费由厂方供给。”基于上述原则，中央苏区根据工人实际情况，相继开办工人学校、补习学校等，组织工人进行文化补习和技术培训。

中華蘇維埃共和國勞動法

—中華蘇維埃工農兵第一次代表大會通過—

第一章 總則

第一條。凡在企業，工廠，作坊及一切生產事業和各種机關（國家的，協作社的，私人的都包括在內）的僱傭勞動者，都應享受本勞動法的規定。

第二條。對於在中華蘇維埃共和國海陸空軍服軍役的戰斗員和指揮員不受本勞動法的拘束。

第三條。無論何種已生效力或未生效力的集體合同，勞動合同及其他的勞動契約，倘他的勞動條件

▲《中华苏维埃共和国劳动法》

1932—1934 年，中央苏区轰轰烈烈开展了一场群众性劳动竞赛活动。广大工人积极响应中央政府“一切为着革命战争，为着前线的胜利”的号召，自觉组织“生产模范队”“经济核算队”“生产突击队”，开展各种形式的劳动竞赛活动。产量高、有发明的工人上红榜（光荣榜），营造了先进模范人物产生的环境和土壤，促进了工业的迅速发展。

这一时期，红军在军队中也根据斗争形势开展了技能培训。

1931年2月，利用第一次反“围剿”胜利后缴获的无线电台，红军举办了第一期无线电训练班，专门培养无线电技术人才。此后，又成立红军通讯学校，设司号、电话、旗语、无线电等8个大队，学员最多时达千人。

抗日战争全面爆发后，中国共产党的总任务是“动员一切力量争取抗战胜利”。坚持为长期抗战服务的指导思想，技工教育紧密结合当时的政治、战争和生产劳动需要，因地制宜开展。

“应战争需要，训练各种专门人才。”1941年5月，八路军总司令部创办了以专门培养兵工人才为主的太行工业学校。

太行工业学校坚持理论教学与生产实践相结合，课堂讲授与工厂实习相结合，强调注重实际、学以致用。为了适应战争环境，全校教师学员一手拿枪、一手拿书，一边学习、一边战斗。没有教室，他们就在场院里、大树下、窑洞里上课；没有黑板，他们就借用老乡家的门板。太行工业学校为敌后抗日根据地的人民兵工培养了近400名技术骨干和工厂经营管理干部。这些人员在抗日战争和解放战争的兵工生产中发挥了重要的作用。

想一想

在战争时期，技术工人发挥了哪些作用？

▲太行工业学校被誉为“人民兵工第一校”

除此之外，根据地还开设不少训练班、干训队、工人学校等，为抗战和工业发展培养了大量所需要的技术工人。

在弥漫的硝烟中，根据地创造性地开展技能竞赛，有力地调动了工人们的生产积极性，提升了生产效率。

1938 年 1 月，延河水还没有解冻，延安市工会和工人合作社举办了延安工人制造品竞赛展览会。展览会上，大家心潮澎湃。展览会结束后，组委会给获奖单位和个人发了奖，毛泽东在奖状上题词“国防经济建设的先锋”。

日寇的疯狂扫荡与国民党顽固派的严密封锁使根据地人民生活面临极大困难。为破解生存难题，毛泽东发出“自己动手”的号召。从 1941 年起，在根据地掀起了轰轰烈烈的大生产运动。毛泽东带头在窑洞外开荒种地，周恩来和任弼时积极加入纺线队伍，带头纺线织布。从中央领导到普通群众，人人都会纺线织布，种田种菜。

在这一时期，涌现出不少典型。在典型引路下，技术工人你追我赶，形成一股创新技术、积极工作的高潮，从而推动了生产发展，有力地提供了物质保障，为支援抗战作出了巨大贡献。

人物链接

▲赵占魁

“边区工人的一面旗帜”赵占魁是抗日战争时期陕甘宁边区农具厂的看炉工。他工作负责，埋头苦干，钻研技术，多次被评为“模范工人”和“特等劳模”。毛泽东闻知他的事迹后，称他为中国式的“斯达汉诺夫”，并题词“钢铁英雄”。

刘贵福是八路军第一支步枪——“无名式”马步枪的设计制造者，毛泽东为其题词，称他为“生产战线上的英雄”。苏区工人按其技术水平给付工资，造枪奇才刘贵福每月津贴是总司令朱德的近六倍，显示着技术工人的卓然地位。

▲刘贵福

▲“无名式”马步枪

张秋凤是晋绥边区工卫旅修械队的翻砂工。翻砂工艺别人要学七八年，他只用四年就掌握了全部工艺。他积极开展技术革新，在翻造某种武器时将零件减少到八分之三，既节约了原料又提高速度一倍以上。他改进手榴弹钉眼工作，使日产量提高了四分之一。当时，一般翻砂工一天可翻砂10箱，他却翻50多箱。他被称为“晋西北工人阶级抗日生产的光荣旗帜”。

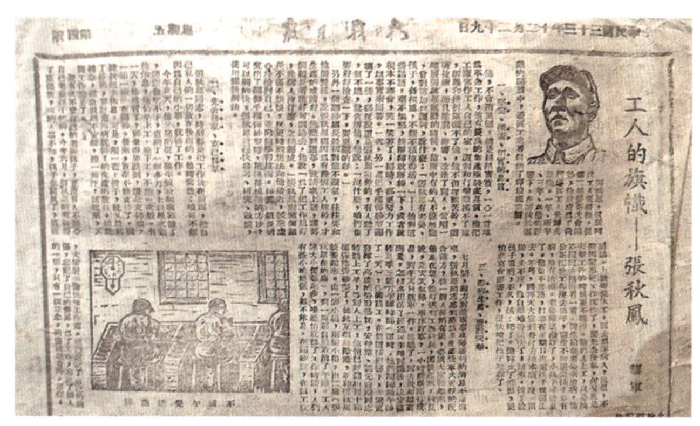
工人的旗幟——張秋鳳

▲1944年12月29日的《抗战日报》以“工人的旗帜——张秋凤”为题，整版报道了晋绥兵工战线劳动英雄张秋凤的模范事迹

“炮弹大王”甄荣典是八路军黄崖洞兵工厂的一名水车动力车工。他坚持“工房就是战场，机器就是刀枪”，别人一天车五六十发炮弹，他能车100发以上，别人车到100发，他又增加到150发，最终创造了日车炮弹外圆480发的惊人纪录。

▲甄荣典

培黎学校的创办也是这一时期技工教育发展中浓墨重彩的一笔。

1942 年，新西兰友人路易·艾黎在陕西凤县双石铺创办了培黎学校，将先进的工农业科学技术带到了大西北农村。1944 年，学校迁至甘肃山丹。培黎学校非常注重技术技能训练，注重教育与劳动相结合，设有机械、纺织、皮革、造纸、运输等专业。学校采用半工半读的教学模式，学生自己动手修建校舍、安装机器、开辟教学和生产基地、建立实习车间。到 1949 年，山丹的培黎学校有来自 8 个国家的 30 名专家、工程师和技师，在校生和工人加起来有近千人，被英国记者称为“山丹的洋骆驼”。

▲培黎学校

▲路易·艾黎在教授学生修理内燃机

进入解放战争时期，随着解放区的不断扩大，急需各类专业技术人员，各解放区相继颁布技工教育工作方案，推动技工教育开始建立制度，技工教育得到较快发展，为新中国的建设积蓄了力量。

1946 年 5 月，中长铁路大连铁路工厂青年技术学校成立，后来更名为大连机车车辆厂技工学校。学校建筑面积 3 700 多平方米，设有机床、虎钳、模型等 10 个实习厂，办学采取半工半读方式。

1948 年 4 月，哈尔滨车辆厂技工学校成立。教师由厂内技术人员和有经验的老工人担任，学制为两年。

▲中长铁路大连铁路工厂青年技术学校模范生奖状奖品授予典礼来宾合影

历史的细节值得品味。

1938 年 10 月，面对当时的形势，毛泽东指出，游击战争的军火接济问题是一个极重要的问题。

1948 年，淮海战役后期，毛泽东在《敦促杜聿明等投降书》中写道：“我们的飞机坦克比你们多，这就是大炮和炸药……”

这其中，凝结着技术工人的付出和努力。技工教育，为民族独立和人民解放作出了积极贡献。

探究活动

2021 年，中北大学迎来建校 80 周年。这所学校的前身正是诞生于烽火中的太行工业学校。

通过网络搜索，去发现这所学校的前世今生。你了解你所在学校的发展历程吗？通过多种途径，了解你所在学校的校史。

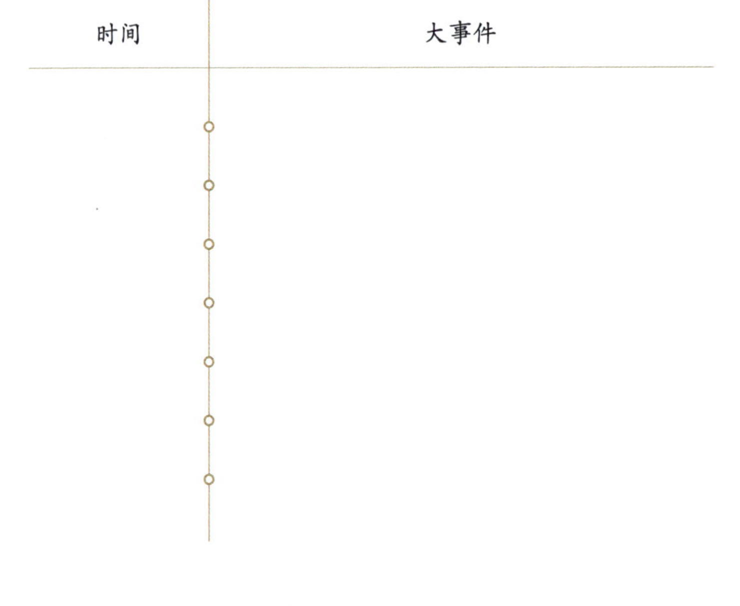

第二章

服务建设　蓬勃兴起

培养技术人才，

是我们国家根本之图。

——毛泽东

◎ 破解失业抓训练 ◎

1949 年 10 月 1 日，五星红旗飘扬的北京天安门广场，见证了崭新的人民共和国的诞生。占人类总数四分之一的中国人从此站立起来了！

而在大洋彼岸，美国国务卿艾奇逊却“预言”：“人民的吃饭问题是每个中国政府必然面临的第一个问题。一直到现在，没有一个政府使这个问题得到了解决”，暗示新中国没有出路。

台湾海峡那侧，国民党当局也狂妄地叫嚣：“共产党政权维持不了三个月。”

中华人民共和国的成立，彻底改变了近代以来 100 多年中国积贫积弱、受人欺凌的悲惨命运，从根本上结束了帝国主义、封建主义、官僚资本主义在中国统治的历史。劳动人民第一次成为国家、社会和自己命运的主人，从根本上改变了中国社会的发展方向，中国历史从此开辟了新纪元。中华人民共和国的成立，冲破了帝国主义的东方阵线，改变了世界格局，大大加强了世界和平民主和社会主义阵营的力量，对世界历史产生了广泛而深远的影响。

话语刺耳，现实确实不容乐观。

由于连年的战争，国民经济受到了严重的破坏。摆在新中国面前的是一个千疮百孔的烂摊子：百业凋零，生产萎缩，民生困苦，满目疮痍。

失业，是最沉重的包袱之一。资料显示，当时在北京、南京等大城市，失业人口均超过全市人口的四分之一。1949—1951 年，城镇失业人数年均达四百余万人，失业人员的生活非常困难。

全心全意为人民服务，是中国共产党的根本宗旨。人民政府采取坚决措施："对于两三个月以上的长期救济，应用以工代赈(如修筑公共工程等)为主要方法"，还提出了生产自救、还乡生产、发放救济金、转业训练、介绍就业等多种办法。

历史总是在最让人意想不到的地方创造奇迹。在上述背景下，转业训练应运而生。

1950 年 6 月 17 日，政务院发布的《救济失业工人暂行办法》中首次以法规形式明确了"转业训练"。其中规定，对失业工人分别予以适当的教育，提高其文化、政治、技术水平，并尽可能根据社会需要组织各种转业训练。

1951 年 1 月 12 日，政务院发布《关于处理失业知识分子的补充指示》，对于发展转业训练的政策方针更加具有针对性，指出："今后处理失业知识分子的基本方针，应当是经过训练或其他方式，帮助他们获得或增加为人民服务的观点和技能，尽可能吸收他们参加国家建设和社会服务的各项工作。"

▲设立于 1952 年的浙江省交通公司司机训练班

转业训练包括政治、文化、技术三类内容，既是劳动自救的一种形式，也是新中国最早的职业培训方式。学技能、促就业，大城市中轰轰烈烈地开展起培训。

北京市积极响应国家号召，在转业训练方面采取了多种方法。比如，劳动部门自办转业训练，与企业部门合办转业训练，委托工厂学校代办转业训练，或者以技工带徒弟的方式进行转业训练。上海市利用空闲的厂房和破旧机器，同时又添设一些设备和厂房宿舍，开办了转业训练班。

质疑与嘲讽，终被风吹雨打去。

在党和政府的关爱下，失业者根据自己的需求参加训练班或接受学校教育，素质得到提高，重新获得工作，不仅解决了吃饭问题，还因具备过硬的文化知识和技术特长，在工作中得心应手、施展才华。“只有我们工人自己的政府，才会照顾得这样周到。”一位失业后重新就业的市民动情地说。

通过转业训练，提高失业人员素质，带来社会劳动生产率的提升，也为国家进行大规模的经济建设提供了技术支撑。在 1951 年 2 月召开的天津市第三届各界人民代表大会第一次会议上，公布了这样一份数据：1950 年底，天津公营工厂中华北纺织局的纱生产率较 1949 年底提高 22.4%；天津炼钢厂钢锭的生产率较 1949 年底提高 68.7%。转业训练在促进人力资源开发和利用方面发挥了积极作用。

各种转业训练班逐渐发展，成为很好的培训机构，为技工学校的建立夯筑了基础。资料显示，建于 1952 年的浙江交通技工学校（现为杭州技师学院）、建于 1953 年的济南第二机床厂技工学校（现为济南二机床高级技工学校）等，均是在转业训练培训机构基础上建立的。

▲ 1953 年建校的济南第二机床厂技工学校学生在上课

统计显示，1950—1953 年，全国参加转业训练的失业人员达 15 万多人。人们通过培训获得了工作，生活有了保障，生活水平有了提高，更加拥护新生的人民政权，极大地增强了社会凝聚力，促进了社会秩序的稳定以及国民经济的恢复和发展。

1949年9月21日，中国人民政治协商会议第一届全体会议在北平中南海怀仁堂隆重开幕。大会一致决定采用“中华人民共和国”的国名，通过了《中国人民政治协商会议共同纲领》等重要文件。《中国人民政治协商会议共同纲领》确定了新中国“稳步地变农业国为工业国”的发展蓝图。

《中国人民政治协商会议共同纲领》第三条　中华人民共和国必须取消帝国主义国家在中国的一切特权，没收官僚资本归人民的国家所有，有步骤地将封建半封建的土地所有制改变为农民的土地所有制，保护国家的公共财产和合作社的财产，保护工人、农民、小资产阶级和民族资产阶级的经济利益及其私有财产，发展新民主主义的人民经济，稳步地变农业国为工业国。

第三十五条　关于工业：应以有计划有步骤地恢复和发展重工业为重点，例如矿业、钢铁业、动力工业、机器制造业、电器工业和主要化学工业等，以创立国家工业化的基础。同时，应恢复和增加纺织业及其他有利于国计民生的轻工业的生产，以供应人民日常消费的需要。

《中国人民政治协商会议共同纲领》提出的“稳步地变农业国为工业国”对于新中国的发展将产生哪些影响？

◎ 广育人才促建设 ◎

在国家博物馆“复兴之路”的展柜内，摆放着新中国第一个五年国民经济计划草案图表，这在当年属于绝密文件。

▲中华人民共和国第一个五年国民经济计划草案图表

实现工业化，是近代中国仁人志士共同的追求和理想。没有工业，便没有巩固的国防，便没有人民的福祉，便没有国家的富强。这是中国近代 100 多年的教训，必须由落后的农业国转变为工业强国。

“一五”计划确定优先发展以能源、原材料、机械工业等基础工业为主的重工业，以苏联援建的 156 个项目为核心的近千个工业项目启动，中国开始探索现代工业强国之路。

新中国成立后，中央人民政府即着手恢复孱弱的旧工业经济，使包括工业经济在内的国民经济得以恢复。工业经济的元气复苏，为此后大规模的工业化打下了良好的基础。1952 年，中共中央发出《关于编制一九五三年计划及五年建设计划纲要的指示》。这是新中国首次制定中长期国民经济与社会发展计划。在复杂形势和巨大困难下，计划边制定、边实施、边修正，直到 1955 年 7 月，全国人大一届二次会议审议通过了“一五”计划。

随着大规模建设的展开，企业对技术工人的需求激增，很多工矿企业都出现了技工短缺现象。其中“尤以东北、上海、北京、天津等地的机器、铁工、建筑、印刷、玻璃仪器、电工器材等行业中特别显著”。“补救的办法，是靠工厂多办技术学校和训练班，培养技工。”由此，国家开始建立有计划培养后备技术工人的制度，技工学校拉开了大发展的序幕。

▲ 1955 年苏联援建的北京实验技工学校

▲ 1956 年建校的石家庄铁路机车司机学校

技工学校的发展受到党和国家的高度重视。1950 年 12 月，毛泽东视察哈尔滨车辆厂时赞扬说：“工厂办技工学校培养技术工人是一个好办法。”1951 年 6 月，周恩来视察大连铁路工厂时参观青年技术学校，也高度赞扬工厂办技校的方法。

国家将技工学校建设纳入国家计划，采取了一系列措施促进技工学校发展。1953 年，政务院决定由劳动部门对全国技工学校进行综合管理。“一五”期间，劳动部先后出台《技工学校暂行办法草案》《工人技术学校标准章程（草案）》等，鼓励发展技工学校，确立了我国技工教育的基本制度。1956 年 11 月 20 日，《人民日报》发表题为《对技工学校要抓紧领导》的社论。社论强调，办好工人技术学校，培养大批熟练的技术工人，满足国家建设的需要，是一项新的重要的工作。要加强对工人技术学校的领导，把工人技术学校办好。1958 年，半工半读教育制度兴起，改变了我国单一的全日制教育结构。

《技工学校暂行办法草案》规定，技工学校按产业管理部门分别设置，各产业管理部门应根据其对于技工的需要设立技工学校，并按照国家批准的技工培养计划，培养其所需工种的技工。当所设技工学校有剩余力量时，应接受其他部门委托培养的任务。

大事记

“一五”计划期间的 156 个重点项目多数都配建了技工学校。

在党和政府的强力推动支持下，技工学校如雨后春笋般涌出。

丰满水电站技工学校、沈阳第一机床厂技工学校、黎明发动机制造公司技工学校、西安开关整流器厂技工学校、铜川煤矿技工学校、太原冶金建筑技工学校……“一五”计划期间的 156 个重点项目多数都配建了技工学校，为其培养技术工人。

这一阶段，技工学校紧紧围绕国家经济建设需要而设立，以行业企业办学居多，由劳动部门统一管理，重视生产实习，实行产训结合，学校既是学校又是工厂，学生既是学生又是工人，做到既出人才又出产品。技工教育在发展探索中，逐步形成了自己的办学特色。

»

弹指一挥间，神州大地沧桑巨变。

1959 年秋天，一场盛大的全国新技工培养训练展览会在北京劳动人民文化宫举办。展览厅里，毛泽东亲笔题写的“培养技术人才，是我们国家根本之图”金色大字格外引人注目。在一幅特制的地图上，技工学校发展情况用各色灯光标注，宛如繁星密布，引得人们驻足观赏。

新中国成立之初，广袤的华夏大地上只有少数几所技工学校。经过大力发展，1959 年全国技工学校发展到 744 所，在校生 28 万人。从 1949 年到 1959 年，全国技工学校毕业生共 20 余万人，培训企业技术工人 800 万人次，他们成为产业工人队伍的主体。

1949—1959年，技工学校20余万毕业生分配在全国的冶金、煤炭、电力、石油、建筑、交通运输、地质、纺织等厂矿企业。他们到工厂后大多成为生产中的骨干。根据对14 186名毕业生的调查，1958年曾提合理化建议、承担技术革新等项目共达138 556件；有1 994人被提升为小组长、工段长、车间主任、技术员等；有3 916人被评为先进生产者或劳动模范。

技工学校既出人才又出产品。1959年，全国技工学校实现产值1.2亿元，将近50%的技工学校通过生产实习实现了自给自足。不少学校的产品在国内处于领先水平，如西安航空工业第一技工学校生产制造的航螺平衡机、山东省劳动局技工学校生产制造的硬质合金车刀磨床、北京市劳动局技工学校生产制造的卧式铣床、济南第二机床厂技工学校生产的移动式摇臂钻床、哈尔滨量具刃具厂技工学校生产的精密车床等都属于高端产品。

▲技工学校教学现场

▲ 1956 年生产下线的我国第一辆汽车

▲ 1956 年我国试制成功的第一架喷气式飞机

新中国无数个“第一”都在那个年代诞生，其背后都活跃着广大技工学校毕业生的身影。鞍山轧钢开红花、“解放”牌汽车跑中华、喷气式飞机翔蓝天、长江大桥武汉架、川藏公路到“屋脊”、沈阳机床成绩大……一穷二白的中国，到处都是技术工人奋斗的身影。技工教育为社会主义工业化建设作出了重要贡献。

探究活动

现在我们能造什么？能造桌子椅子，能造茶壶茶碗，能种粮食，还能磨成面粉，还能造纸，但是一辆汽车、一架飞机、一辆坦克、一辆拖拉机都不能造。

——毛泽东

观看《百炼成钢——中国共产党建党 100 周年》微型纪录片第 31 集《“一五”计划》，结合上面毛泽东的话，了解新中国成立初期的时代背景。

◎ 地位彰显享荣光 ◎

这是两枚特殊的邮票——

1954 年 12 月，邮电部发行《技术革新》特种邮票，主题是宣传两位工人的发明创造：一是鞍山钢铁公司小型轧钢厂工人张明山于 1952 年研制成功的反围盘，它使从精轧机出来的钢条自动进入轧孔，不需要人工再用钳子夹送；二是鞍山钢铁公司车间主任王崇伦于 1953 年创造的万能工具胎，它使一台刨床能顶 6 台插床使用。

▲《技术革新》特种邮票，全套两枚

小小的邮票，折射出时代对技能人才的尊崇。

水激石则鸣，人激志则宏。新中国成立后，我国对技工成长高度重视，通过大力选树技工人才典型、表彰宣传等方式，为技工成长创造了良好环境。

学习聚焦

劳模精神：爱岗敬业、争创一流，艰苦奋斗、勇于创新，淡泊名利、甘于奉献。

1950年9月，中央人民政府召开了第一次全国工农兵劳动模范代表大会，毛泽东等党和国家领导人出席会议，授予464人“全国劳动模范”称号。其中208人来自工业生产一线，主要是优秀技术工人代表。1956年，劳动模范代表大会的名称改为全国先进生产者代表会议，代表集中在工业战线，并由此开启了先进生产者运动。

两次劳动模范表彰中，重视技术革新和发明创造是一条始终如一的标准。党和国家以最高规格表彰劳模，激励更多劳动者学习技能、立足岗位作出贡献。

1954年，为了激发广大职工的生产积极性和创造性，在全国范围内开展了技术革新运动。全国工人提出了数以万计的合理化建议，创造了一大批革新成果，涌现出一批先进技工典型。及时选树这些典型，起到了“点亮一盏灯，照亮一大片”的作用。

▲在进行技术革新项目研究的尉凤英

尉凤英，1953年进入东北机器制造厂成为一名学徒工。她带领十几人的技术革新小组，从1953年到1968年，共实现170多项技术革新，创造了多个“第一”，为国家和企业创造了巨大的效益。

▲劳动模范孟泰

孟泰，鞍钢工人。他几十年与高炉循环水打交道，创造了“眼睛要看到，耳朵要听到，手要摸到，水要掂到”的维护操作法，只要把手伸向循环水水流，便可准确判断出水的温度、压力及管路流通状况。凡是高炉循环水出故障，他都能手到病除。

▲纺织工人郝建秀

郝建秀，青岛第六棉纺织厂细纱车间值车工。她创造出一套“高产、优质、低耗”的工作法。在“郝建秀工作法”的影响下，全国纺织行业陆续产生了“五一织布工作法”“五三保全工作法”等30多种工作法，大大提高了纺织行业的生产效率。

尉凤英、孟泰、郝建秀，他们的名字被人们争相传颂，至今耳熟能详，带动了全国各行各业的技术革新，焕发起建设社会主义中国的强大精神力量。

既给荣誉，也给实惠。为了更好提高工人钻研技术的积极性，国家开始借鉴苏联的工资模式，“八级工资制”登上了历史舞台。

1956年，国务院发布《关于工资改革的决定》，确定对工人实行考工升级制度。同年，我国在企业中全面推行八级工资制，按照生产劳动的复杂程度和技术的熟练程度将工资分为八个等级。“八级工”从此成为顶级工匠的代名词。

“八级工”到底有多牛？

第一代潜艇，第一枚导弹，第一颗原子弹，第一颗航天卫星都和八级工们的辛勤付出分不开。

有人曾说，当年人们最向往，但也最难拿的两个证书，一个是大学毕业证，另一个就是八级工证书。很多技术工人以成为八级工为奋斗目标。1959年，29岁的杭钢钳工郭裕泉被评为八级工。“当时一级工每月32元，八级工108元。”年逾九旬的郭裕泉老人说。那个年代，八级工是一个让人羡慕的身份，是工厂的标杆人物，代表着高技术和高收入，备受推崇与尊敬。

“八级工就像武侠小说里的顶尖高手。”有人对此进行比喻。1960年前后，山西省白羊墅煤矿有职工1 300多人，但是能评上八级工的，也不过寥寥可数的几个人。但就是这么几个人，却支撑起了整个煤矿安全生产技术的一片天。

在国家的重视和激励下，技能人才强烈的自豪感交织着建设新国家的巨大喜悦，以甘于奉献、勇于牺牲的劳动热情汇聚成一股无穷的力量，革新着社会的面貌。新中国到处是蒸蒸日上、欣欣向荣的景象。

探究活动

劳动模范是劳动群众的杰出代表，是最美的劳动者。广大劳模以平凡的劳动创造了不平凡的业绩，铸就了“爱岗敬业、争创一流，艰苦奋斗、勇于创新，淡泊名利、甘于奉献”的劳模精神，丰富了民族精神和时代精神的内涵，是我们极为宝贵的精神财富。70 多年来，各条战线英雄辈出，群星灿烂。通过网络搜索，认识这些在平凡岗位上干出不平凡业绩的劳动模范，说一说他们的名字和岗位，并进一步了解他们都作出了哪些贡献。

第三章 改革开放 飞跃发展

工人阶级要为实现

四个现代化作出优异贡献。

——邓小平

◎ 壮阔大潮踏浪行 ◎

历史大潮，奔涌向前。

1978 年底，寒冬风雪中，一场特别会议——党的十一届三中全会在北京京西宾馆召开，给中国大地带来了春意。这次重要会议，作出把党和国家工作中心转移到社会主义现代化建设上来、实行改革开放的历史性决策，开启了改革开放和社会主义现代化建设的伟大征程，中国发展翻开新的一页。

1978 年 12 月 18 日，在北京罕见的大雪天里，具有划时代意义的党的十一届三中全会隆重召开，奏响了改革开放和社会主义现代化建设的春之序曲。以邓小平同志为主要代表的中国共产党人，团结带领全党全国各族人民，深刻总结我国社会主义建设正反两方面经验，借鉴世界社会主义历史经验，创立了邓小平理论，作出把党和国家工作中心转移到社会主义现代化建设上来、实行改革开放的历史性决策，深刻揭示社会主义本质，确立社会主义初级阶段基本路线，明确提出走自己的路、建设中国特色社会主义，科学回答了建设中国特色社会主义的一系列基本问题，制定了到 21 世纪中叶分三步走、基本实现社会主义现代化的发展战略，成功开创了中国特色社会主义。

“工人阶级要用最大的努力来掌握现代化的技术知识和现代化的管理知识，为实现四个现代化作出优异贡献。”“要经常帮助专业技术人员进修，给他们提供自学条件。”邓小平同志对于技术工人队伍建设、技能发展的深邃思考，为技能人才、技术工人打开了奔向春天的大门。

应该考虑各级各类学校发展的比例，特别是扩大农业中学、各种中等专业学校、技工学校的比例。

——1978 年 4 月 22 日邓小平在全国教育工作会议上的讲话

与社会主义现代化建设同频共振，技工教育迈入了新的发展阶段。

一度在“文化大革命”期间遭受挫折的技工教育，开始恢复发展。1977 年，与高考正式恢复同步，技工学校开始恢复考试招生入学。招生计划由国家计委下达，与高校招生考试同步进行，由各省进行组织。招生对象是有城镇户口、具有初中或高中毕业文化水平的未婚青年。1978 年，技工学校综合管理工作划归劳动部门管理。此后，一直到 20 世纪 90 年代中期，技工学校的招生工作都是由国家计委和劳动部门下达招生计划，组织全国统一考试。这样面向全社会公平选拔的方式，保证了生源质量，为培养高素质技术工人奠定了基础。

▲ 1978 年恢复办学后的首都钢铁公司技工学校

▲ 1979 年鸡西煤矿技工学校首届开学典礼

技工学校在恢复发展中面临着师资紧缺等突出问题。为了解决师资问题，国家一方面从各行业抽调师资充实技工学校，另一方面积极筹建技工师范学院。1979 年，为了解决技工学校师资的来源， 国务院批准在天津、山东、河南、吉林设立 4 所技工师范学院。后来，几经变迁，山东、河南两所技工师范学院停办，吉林技工师范学院划归吉林省管理，天津技工师范学院演变成今天的天津职业技术师范大学。

时代印记

1979 年，以天津市劳动局技工学校和天津市第五机床厂为基础，天津技工师范学院成立了。学院于 1983 年开始招生，同年更名为天津职业技术师范学院，2004 年更名为天津工程师范学院，2010 年更名为天津职业技术师范大学。几十年来，学校为我国职业技术教育培养了大量高素质双师型教师，特别是常年面向技工学校单独招生，既有针对性地为技工学校培养了师资，又为技工学校学生升学创造了条件。

随着改革开放进程的不断推进，为了更好适应经济体制改革和教育体制改革的新形势，国家着力规范技工学校的发展。1986 年，劳动人事部、国家教育委员会印发《技工学校工作条例》，对技工学校的培养目标、招生、就业、学制和办学模式作出明确规定，促使技工教育办学逐步规范。1989 年，劳动部提出技工院校实行毕业证书与技术等级合格证书的“双证书”制度，成为技工院校办学的一大特色。

《技工学校工作条例》对技工学校的培养目标、招生、就业、学制和办学模式作出了明确规定。

一是将技工教育纳入国家职业技术教育体系。条例规定，“技工学校是培养技术工人的中等职业技术学校，是国家职业技术教育事业的重要组成部分，属于高中阶段的职业技术教育”。

二是拓展了技工学校的培训功能。条例明确，“在完成培养中级技术工人任务的前提下，应当根据需要和可能，积极承担多种培训任务”。这使得技工学校由单一学制教育向综合性培训机构发展。

三是明确规定文化、技术理论与生产实习教学相结合，特别强调生产（业务）实习教学是培养学生操作技能的主要手段，学生的生产（业务）实习应尽可能结合生产（业务工作）进行。

▲上海船厂技工学校学生在船厂实习

上述改革有力推动了技工学校的发展。1978 年技工学校在校生只有 38 万人，1990 年在校生达到 133 万人，毕业生的质量也逐年提高。

随着改革开放的不断深入，工人队伍中的高级工严重不足，影响到企业产品质量和经济效益，社会对高技能人才的需求大幅增加，迫切要求技工学校提高办学层次。

1990 年，在此前成功举办高级技工班的探索基础上，经劳动部批复同意，山东在济南和烟台试办两所高级技工学校。这标志着我国第一批高级技工学校正式诞生。

大事记

1990 年，我国第一批高级技工学校正式诞生。

为指导高级技工学校办学试点，劳动部多次召开相关会议进行研究。1992 年 7 月，劳动部组织专家对山东省两所高级技工学校办学情况进行评估后认为，高级技工学校试点工作是成功的，举办高级技工学校培养高级技术工人是可行的。之后不久，劳动部就发出通知，在全国范围内扩大高级技工学校办学试点工作。

随后，高级技工学校稳步发展。丰满、重庆两所电力技工学校改建为高级技工学校，中国航空工业总公司 012 基地技工学校等 3 所技工学校改建为航空工业高级技工学校，新建立常州高级技工学校……1997 年，全国高级技工学校达到 30 所，每年培养近万名高级技术工人，有效改善了技能人才供给结构，适应了发展需要。

▲ 1994 年常州高级技工学校成立

1992 年，党的十四大明确提出建立社会主义市场经济体制。市场经济体制下，企业自主经营、自负盈亏，自主招聘技术工人。为适应新变化，鼓励学生多渠道就业，技工学校加快向市场化转变。

1993 年，劳动部印发《关于深化技工学校教育改革的决定》，确定学校自主招生、毕业生自主择业。这个文件标志着技工学校实行多年的指令性招生和统一分配以及限于招收城镇青年的体制被打破。从此，技工学校进入市场化办学轨道。1998 年前后，技工学校的毕业生基本实现了进入劳动力市场自主择业。

为了提升技工学校办学质量，劳动部采取了诸多措施：1993 年，确定 18 所技工学校为第一批国家级重点技工学校；1995 年，印发通知对申办高级技工学校进行规范；2000 年，对技工学校进行改革……技工教育不断改革、提质，取得新的发展。

伴随着经济社会的发展，为满足社会对高技能人才的需求，技师学院开始在我国出现。2000 年 7 月，经过批准，常州高级技工学校增挂“常州技师学院”牌子，成为我国第一所技师学院。此后，杭州技师学院、宁波技师学院、山东技师学院等先后成立。技师学院的成立，标志着我国技工教育又迈上了一个新台阶。

大事记

2000 年 7 月，常州技师学院成为我国第一所技师学院。

进入 21 世纪后，“技工荒”开始频繁进入人们的视野，尤其是高技能人才严重短缺的现象引起全社会的关注和讨论。

《中国青年报》2005年5月24日报道——

一段时间以来，“技工荒”成了各个媒体的热词。各地关于技术工人、高级技术工人严重短缺的报道屡见不鲜：深圳在全国招聘高级钳工，开出6 600元的月薪也未能如愿；青岛一家公司急需高级模具工，给出年薪16万元的天价，应聘者寥寥无几；浙江多家企业连续参加10多场招聘会招募数控机床技术工人，月薪一再提高，但是合格者少之又少；广东一家公司为留住一名六级热处理工，给出了月薪6 000元及住房一套的承诺……

“北京市目前至少短缺8万名高级技能人才。”北京市劳动和社会保障局日前公布的一组数据，再次敲响了高技能人才短缺的警钟。最先在珠三角、长三角地区出现的“技工荒”，今年再次出现在京城。

面对我国制造业发展对技能人才的迫切需求，技工教育被提升至国家战略高度，再次进入快速发展期。

2003年，全国人才工作会议明确提出，高技能人才是国家人才队伍的重要组成部分。为适应高技能人才队伍建设和就业工作的新形势，技工院校不断扩大培养规模，提高培养层次。各地积极行动，实施不同形式的培养计划。此后，国家先后出台了国家助学金、对农村困难学生免学费等政策。2010年8月，人力资源社会保障部印发文件，提出了推进技工院校改革发展的一系列政策措施，推动技工院校深入实施校企合作，推进一体化教学改革，人才培养质量不断提升。

▲一体化课堂

▲学生到企业实践学习

截至 2010 年末，全国共有技工学校 2 998 所，在校学生 421 万人。经过长期探索发展，技工学校逐步提高办学层次，形成了技工学校、高级技工学校和技师学院相互衔接的院校培养体系。

乘势而上，不断攀登，技工教育成为我国职业教育事业的重要组成部分，成为技能人才培养的主渠道。

从技校毕业后，耿家盛成长为名副其实的全能机床工，被誉为云南机械加工行业的“一把刀”；王军两次荣获国家科技进步二等奖，被称为“蓝领科学家”；徐强创造了大型齿轮加工4级精度的全国之最——“徐强精度”……技工教育成为技能人才的“孵化器”。

1988年的一则新闻振奋了不少人。“沈阳轿车制造厂技校3个实习工厂完成了轿车制造厂的生产任务，还创造了经济价值150万元。”记者用自豪的口吻写道。

改革开放以来，这样的新闻不计其数。在数量庞大的技能人才的支撑下，2010年我国制造业产出占世界的比重达到19.8%，成为全球制造业第一大国。按照国际标准分类，在工业的22个大类中，我国在7个大类中名列第一，220多种工业品产量居世界第一位。

与时偕行，不断攀登，技工教育为中国制造提供了澎湃动能。

学习聚焦

2010年，我国制造业产出占世界的比重达到19.8%，成为全球制造业第一大国。

观看《我们一起走过——致敬改革开放40周年》纪录片第一集《弄潮儿向涛头立》，梳理改革开放以来我国社会方方面面的巨大变化。你如何理解邓小平“从事体力劳动的，从事脑力劳动的，都是社会主义社会的劳动者”这句话。

◎ 兴企强国金蓝领 ◎

时间的指针转入 21 世纪，一个词悄然在神州大地走红——“金蓝领”。这是社会对拥有高超技艺和精湛技能的高技能人才的“尊称”。

1990 年 9 月，劳动部印发的《关于高级技师评聘的实施意见》中第一次出现了“高技能的人才”的提法。2003 年 10 月，党的十六届三中全会通过的《关于完善社会主义市场经济体制若干问题的决定》中，提出“多层次、多渠道、大规模地开展人才培训，重点培养一批高层次和高技能人才”，这是中央文件首次使用“高技能人才”的提法。

▲时代呼唤高技能人才

高技能人才成为热词，折射出时代和社会对高技能人才的渴求和呼唤。

2001 年 12 月，我国加入世界贸易组织，融入经济全球化浪潮，经济发展进入高速增长期。在规模快速扩张的同时，产业结构调整、升级的步伐明显加快。2002 年 11 月，中国共产党第十六次全国代表大会召开，提出了全面建设小康社会的奋斗目标。这些都对劳动者素质提高和技术工人培养提出了更高的要求。

然而，彼时，我国高技能人才十分短缺。2004 年，劳动保障部开展的调查显示，技师和高级技师占全部技术工人的比例不到 4%，而企业需求的比例是 14% 以上。供求之间存在的较大差距，让“中国制造”面临严峻挑战。

据 2004 年 4 月 29 日新华社报道，在我国 7 000 万有技术技能的劳动者当中，高级以上技工（包括技师、高级技师）仅占 4%，促进高技能人才队伍建设刻不容缓。为此，我国全面推进国家高技能人才培训工程。2004—2006 年，在制造业、服务业及有关行业技能含量较高的职业中，实施 50 万新技师培养计划，加快培养一批企业急需的技术技能型、复合技能型人才，以及高新技术产业发展需要的知识技能型人才。

在上述背景下，国家将高技能人才队伍建设上升为兴企强国的国家战略，出台了一系列政策措施。

- 2003 年 12 月，全国人才工作会议召开，将高技能人才作为国家人才队伍的重要组成部分，第一次把高技能人才纳入人才队伍的范畴和整体规划中。
- 2006 年 4 月，中共中央办公厅、国务院办公厅印发《关于进一步加强高技能人才工作的意见》，将高技能人才工作作为推进人才强国战略的重要内容。
- 2010 年 6 月，《国家中长期人才发展规划纲要（2010—2020 年）》进一步提出以高层次人才、高技能人才为重点统筹推进各类人才队伍建设。
- 2011 年 7 月，中央组织部、人力资源社会保障部印发《高技能人才队伍建设中长期规划（2010—2020 年）》，明确 10 年间我国高技能人才队伍建设的指导思想和发展目标，明确主要任务和重点措施。这是我国第一个高技能人才队伍建设的专项中长期规划。

以政策为先导，各地各部门健全高技能人才培养体系，基本建立了以企业行业为主体、职业院校为基础、学校教育与企业培养紧密联系、政府推动与社会支持相互结合的高技能人才培养体系。

为培养高技能人才，我国先后实施了一系列重大工程，出台了一系列支持高技能人才培养的计划，技工教育再次进入了快速发展时期。

- 国家高技能人才振兴计划。2011 年，人力资源社会保障部、财政部印发《国家高技能人才振兴计划实施方案》，明确从

2011 年到 2020 年，实施技师培训、高技能人才培训基地建设和技能大师工作室建设 3 个工作项目。“十二五”期间，全国建设了 400 个国家级高技能人才培训基地和 500 个国家级技能大师工作室，培养了一大批高技能领军人才。

- 国家高技能人才东部地区培训工程。这一工程于 2005 年 5 月启动，上海、天津、深圳、青岛等城市结合地区支柱产业发展要求，在全国率先建立了一批高技能人才公共实训基地，为全社会提供高水平、开放式技能实训和鉴定服务探索了新路。
- 三年五十万新技师培养计划。计划提出，2004—2006 年 3 年内，在制造业、服务业及有关行业技能含量较高的职业中，培养 50 万名新技师，并以此推动技能人才队伍的整体建设。

应势而动、主动作为、聚势而强，人力资源社会保障部门鼓励和引导技工院校加强与企业合作，实现学校培养与企业岗位实际需求的“零距离”衔接。技工院校紧贴市场需求，不断调整专业设置，加快具有理论实践能力的“一体化”教师队伍建设，技工教育发展呈现出崭新气象，技能人才培养规模迅速扩大。

截至 2011 年底，全国技能劳动者总量约 1.19 亿人，其中高技能人才约 3 117 万人。截至 2012 年底，全国共有技师学院近 300 所。技工院校培养的高级工以上层次学生，从 2003 年的 16.4 万人增加到 2012 年的 114.2 万人。日益兴旺的技工教育，为技能人才培育注入了源源不断的动力，技工院校成为高技能人才培养的摇篮。

2003—2012 年技工院校高级工班和预备技师（技师）班学生情况

年份	在校生人数（人）	高级工班和预备技师（技师）班学生人数（人）	占比（%）
2003 年	1 931 423	164 178	8.50
2004 年	2 344 504	261 458	11.15
2005 年	2 752 974	383 001	13.91
2006 年	3 208 150	537 033	16.74
2007 年	3 671 475	723 865	19.72
2008 年	3 975 203	904 677	22.76
2009 年	4 142 578	1 022 168	24.67
2010 年	4 209 752	1 128 714	26.81
2011 年	4 293 723	1 119 021	26.06
2012 年	4 228 216	1 142 266	27.02

▲ 李斌

李斌，上海电气液压气动有限公司加工中心操作高级技师，毕业于上海液压泵厂技工学校。他刻苦钻研数控理论和操作技术，仅 2010 年以来，就带领团队完成新产品项目 102 项，申报专利 192 项，完成工艺攻关 350 项，设计专用工具、夹具 550 把，为企业创造效益超过 6 亿元人民币，为我国液压气动行业整体技术的提升作出了重要贡献，被大学聘为数控机床教授。

徐立平，中国航天科技集团公司第四研究院7416厂高级技师，毕业于陕西航天技工学校。他为火箭发动机固体燃料药面进行“微整形”，徒手雕琢高能炸药，精度误差不超过0.2毫米，以满足运载火箭、导弹飞行的各种复杂苛刻要求。他为国铸箭，“当一道道光芒刺破暗夜飞入苍穹，璀璨星空都闪动着勇气与责任写就的诗行”。

▲徐立平

▲高凤林

高凤林，中国航天科技集团公司第一研究院特种熔融焊接高级技师，毕业于第七机械工业部第一研究院211厂技工学校。作为一名航天特种熔融焊接工，在他的手中，焊枪是针，弧光是线。他追寻着焊光，从事航天特种熔融焊接40多年，为90多发火箭焊接过发动机，占我国火箭发射总数的近四成，攻克了200多项航天焊接难题，为我国航天强国和科技强国建设作出了贡献。

▲洪家光

洪家光，中国航发沈阳黎明航空发动机有限责任公司高级技师，毕业于黎明技校。从普通技工到车工、数控车工双料高级技师，再到企业内聘的高级制造工程师，从业20多年来，他精益求精、努力钻研，先后完成200多项工装工具技术革新，解决300多个工装工具技术难题。经过5年1 500多次探索尝试，经历了常人难以想象的煎熬，洪家光与团队成员研制的“航空发动机叶片滚轮精密磨削技术”荣获2017年度国家科学技术进步二等奖。

做劈山开隧的斧凿，做跨越河川的桥梁。神十飞天、蛟龙入海、超级计算机面世、高速铁路大发展……一系列令国人自豪、让世界瞩目的自主创新成果的背后，都闪耀着技能人才创造性劳动的身影。从技工院校走出的广大高技能人才，在加快产业优化升级、提高企业竞争力、推动技术创新和科技成果转化方面发挥了不可替代的重要作用。

说一说，你都知道哪些大国重器。这些大国重器的背后，是许许多多大国工匠的辛勤汗水与创新创造。

请选择你关注的一件大国重器，讲出它背后大国工匠的故事。

◎ 搭建成才大舞台 ◎

水不激不跃，人不激不奋。对高技能人才进行表彰和奖励，是推动技能人才工作的重要举措。为激励劳动者走技能成才、技能报国之路，改革开放以来，党和国家持续加强对技能人才表彰激励等工作，有力激扬起他们的爱国奋斗奉献之志。

20 世纪 90 年代，随着市场经济体制的发展和完善，我国经济增速迅猛，对技能人才的需求越来越旺盛，但当时技术工人的社会地位不高、待遇偏低，人员流失严重，引发了“明天谁来当工人”的犀利之问。

为了破解痼疾，激励技能人才成长成才，国家出台了表彰奖励措施。

1995 年，劳动部印发《关于建立中华技能大奖和全国技术能手评选表彰制度的通知》，明确建立国家、省（行业）两级中华技能大奖和全国技术能手评选表彰制度，营造重视技能、尊重人才的社会氛围，引导广大技能人才立足本职、钻研技术。这一制度得到了党和国家领导人的高度重视。1997 年，江泽民为全国技能人才评选表彰亲笔题字：“全国技术能手”。

▲江泽民题字

制度规范，才能行稳致远。1996 年，通知明确每年根据国家产业政策确定当年参评的行业，确保行行出尖子。1999 年，评选表彰活动确定每两年举行一次，与企业职工培训、再就业等工作有机结合起来，促进技术工人队伍整体素质提高。2000 年，《中华技能大奖和全国技术能手评选表彰管理办法》规定了评选条件、申报评审流程、表彰奖励等方面内容。《办法》规定，大奖和能手评选表彰是国家对全国优秀技术技能人才的奖励制度，大奖和能手评选实行国家和省（行业）两级评审制，全国专家评审委员会负责对省（行业）初评审推荐的大奖和能手候选人终评审工作。

此后，为适应新形势需要，中华技能大奖和全国技术能手表彰制度不断规范，在规模和力度上有新的突破。

- 从 2002 年第六届表彰活动起，增设了评选国家技能人才培育突出贡献单位，旨在对培养技能人才作出重要贡献的单位予以表彰奖励。
- 2004 年第七届表彰活动扩大了表彰规模，技能大奖获得者由 10 名增至 20 名、技术能手由 100 名增至 200 名。
- 2006 年第八届表彰活动规模进一步扩大，技术能手增至 300 名。
- 2010 年增设评选国家技能人才培育突出贡献个人。
- 2012 年技能大奖获得者增至每届 30 名。

以中华技能大奖评选表彰为引领，相关部门加快构建高技能人才发挥作用的平台机制，鼓励各地、各行业建立高技能人才工作室，举办各种形式的高技能人才主题活动，为受表彰的高技能人才参与高新技术开发、同业技术技能交流、绝招绝技和技能成果展示等创造条件，充分发挥受表彰高技能人才的示范引领作用，激发技能人才创新创造活力，引导广大青年选择走技能成才之路。

高技能人才评选表彰制度的建立，对于建设知识型、技能型、创新型劳动者大军，弘扬劳模精神和工匠精神，营造劳动光荣的社会风尚和精益求精的敬业风气，加强技能人才队伍建设起到了积极而有效的作用。

“这是国家对工人技术技能水平的最高奖励，必将大大激发技术工人的积极性和创造性，提高工人的社会地位。”领奖台上，首届中华技能大奖获得者张艺霞感动不已。

“政府给的荣誉越来越多，领到手的工资越来越高，发展空间越来越大，亲戚朋友也越来越高看，我们干得更有劲了！”中华技能大奖获得者、济南铁路局青岛动车段高级技师刘波感慨地说。

“拿了大奖回来，对身边人特别是年轻技术工人是个激励，让他们看到了普通职业等级晋升之外的成长渠道。”拿到中华技能大奖后，中航工业空空导弹研究院高级技师鲁宏勋和队友组成“梦之队”，将导弹高质量零部件的数控加工推向更高水平。

长期以来，待遇偏低也是技能人才的一个痛点。让劳动报酬增长与劳动生产率提高同步，让技术工人和技能人才的尊严、社会的公平正义实实在在地体现在待遇报酬上，方能激励他们努力拼搏、刻苦钻研。

为充分体现党和国家对技能人才的关心爱护，弘扬尊重创造、尊重人才的社会风气，经国务院批准，自 2008 年起，我国将高技能人才纳入享受政府特殊津贴人员选拔范围。这项自 1990 年开始、只面向高级专家的政策，向大国工匠敞开大门。

▲政府特殊津贴证书

2008 年，在 3 997 名政府特殊津贴获得者中，有 400 名技术工人，占总数的十分之一。他们都是各自岗位上的技术能手，享有与科学家、工程师同样的荣誉和地位。

“这在以前是做梦也想不到的事情。”沈阳鼓风机集团的工人杨建华获得国务院政府特殊津贴后，感到有些难以置信。他是沈阳市第一位获此殊荣的技术工人。他感动地说：“做好一名技术工人让我感到骄傲。”

“能享受国务院政府特殊津贴是一项崇高的政治荣誉，也是继续创业的动力。”从下岗职工成长为高技能人才、全国劳动模范，获得国务院政府特殊津贴的江西资溪县全龙艺术蛋糕基地创办人徐全龙深有感触地说。

为了给技能人才提供施展才华、展现自我的舞台，相关部门还广泛开展职业技能竞赛。

2000年，劳动保障部印发通知，进一步明确对竞赛活动实行分级分类管理。职业技能竞赛分为国家级、省级和地市级三级。相关部门先后组织开展了全国计算机应用大赛、全国职工职业技能大赛、全国数控技能大赛、全国技工院校技能大赛等赛事。

值得关注的是，2010年，我国加入了世界技能组织，开始组织参加世界技能大赛。2011年，我国派出6名选手，参加了在英国伦敦举办的第41届世界技能大赛数控车、焊接等6个项目的比赛，获得了1枚银牌和5个优胜奖，首次参赛即实现了奖牌零的突破。

大事记

2011年，我国首次参加世界技能大赛，获得1枚银牌和5个优胜奖。

沐浴在党和政府的关爱中，技艺精湛的广大技能人才，更加坚定爱国奋斗奉献之志，不断激发创新创业创造热情，创造出更加夺目的成绩。前浪不息，后浪奔涌，在一系列激励措施下，我国的“技能人才森林”枝繁叶茂、蔚为壮观。

自 1995 年国家首次表彰中华技能大奖以来，至今共评选了 16 届，300 多人获此殊荣。他们是爱党报国的奋进者、勇于创新的开拓者、工匠精神的践行者。你是否好奇他们来自哪些行业？哪些岗位？从事着怎样的工作？通过网络搜索，了解历届中华技能大奖获奖者的姓名、职业、技能等级以及工作单位。请你选出部分代表，填写下表。

第几届	姓名	职业（工种）	技能等级	工作单位

第四章

非凡十年 技能闪耀

技术工人队伍是支撑中国制造、
中国创造的重要力量。

——习近平

◎ 技工教育正逢春 ◎

这是一则火爆的新闻：北京大学本科生周浩因更喜爱实践操作，选择从北大退学，来到北京工业技师学院就读，在自己最为热爱的数控技术专业学习。此后，他如鱼得水，获得了全国数控技能大赛冠军。

这是一个可喜的现象：全国技工院校招生数量连年攀升。有的学校表示学生“供不应求”，有的学校表示“相关专业学生提前 1 年被预订”。技工院校出现“招生热”和毕业生“就业热”的双热局面。

▲招聘现场人头攒动

新变化、新现象折射技工教育大发展。

党的十八大以来，针对我国主要依靠资源等要素投入推动经济增长和规模扩张的粗放型发展方式不可持续的现实，党中央作出部署，实施创新驱动发展战略，加快经济结构调整升级步伐。处在崭新历史方位的技工教育又一次被赋予了光荣使命，为培养造就技能人才、推动中国制造品质革命奋力前行。

党和国家高度重视技工教育，为技工教育发展注入了强大动能。

“大力发展技工教育”“工业强国都是技师技工的大国”“要大力培育支撑中国制造、中国创造的高技能人才队伍”……以习近平同志为核心的党中央高度重视技能人才队伍建设工作，将技工教育工作摆在了前所未有的突出位置。习近平总书记多次作出重要指示批示，为技工教育发展提供了根本遵循，指明了方向。

2013 年 5 月 4 日，党的十八大后的第一个五四青年节，习近平总书记同各界优秀青年代表座谈时，亲切勉励我国参加世界技能大赛摘取银牌、实现奖牌零的突破的焊接项目选手、中油一建技校毕业生裴先峰。温暖的话语，传递出清晰的信号，极大地鼓舞了广大青年走技能成才之路的信心。

你通过奋发努力，成就的青春事业与党和国家的事业、人民的事业高度契合，这样事业的光谱就更广阔，能量也会更强。

——习近平总书记对技校毕业生裴先峰的勉励

人物链接

▲裴先峰

“90后”的技术工人裴先峰是2011年参加第41届世界技能大赛的6名选手中的一位。21岁的他，成为我国第一位走出国门参加世界技能大赛并获奖的青年焊工。之后，他的成长好像按了“加速键”：23岁得到习近平总书记的亲切接见，获得全国五一劳动奖章、全国劳动模范、中国青年五四奖章等多项荣誉……面对这些荣誉，他说：“我是被选中的幸运儿，我的成长印证了那句话：只有将个人的发展融入祖国的发展之中，才能实现人生价值。”

裴先峰出生于河南洛阳南郊的农村。初中毕业后本想和同村朋友外出打工贴补家用的他，被母亲劝住，来到中国石油天然气第一建设公司技工学校学习焊接技术。

从学校毕业后，裴先峰成为中国石油天然气第一建设公司一名普通电焊工。刻苦的裴先峰在同龄人中发出了微弱的光芒。

2008年，他作为学生代表前往廊坊管道学院参加中国石油集团举办的技能竞赛，获得第二名。这是他第一次坐火车，也是他从小到大第一次走出洛阳。此后，他多次参加全国类的焊工技能竞赛，去了很多他从未去过的城市。2011年，在大赛中快速成长的裴先峰，登上了他人生中最重要的一次比赛的舞台——第41届世界技能大赛，获得焊接项目银牌。

2014年10月—2016年4月，已获国内、国际多项荣誉的他，和普通的焊接工人一样前往约旦执行项目工程任务。“工作环境周围荒无人烟，寸草不生，大家都住在集装箱里，睡上下铺，连头发都是自己动手理的。”他吃苦耐劳，专注敬业，在国际技术援助与合作中发挥了重要作用。

2016年，完成了约旦的任务后，裴先峰来到被业内誉为“中国高级焊工孵化器”的中国石油工程建设有限公司第一建设公司焊接研究培训中心，成为培训中心最年轻的焊接专家。“以前做焊工时，照着焊工专家的技术参数、操作标准做就行，现在是反过来了，我得研究出供工人广泛使用的操作指南，让我学到的焊接技术惠及更多一线工人。”

“祖国建设需要一批大国工匠，我很荣幸自己是其中一员。”裴先峰以自己的逐梦历程诠释了执着专注、精益求精、一丝不苟、追求卓越的工匠精神，走出了一条当代青年技术工人的技能报国路。

2019年8月20日，习近平总书记在甘肃省张掖市山丹培黎学校视察时强调：“我国经济要靠实体经济作支撑，这就需要大量专业技术人才，需要大批大国工匠。职业教育前景广阔、大有可为。”“三百六十行，行行出状元。希望你们继承优良传统，与时俱进，认真学习，掌握更多实用技能，努力成为对国家有用、为国家所需的人才。我支持你们！”

2019年9月，习近平总书记对我国选手在第45届世界技能大赛取得佳绩作出重要指示，指出要健全技能人才培养、使用、评价、激励制度，大力发展技工教育，大规模开展职业技能培训，加快培养大批高素质劳动者和技术技能人才，要在全社会弘扬精益求精的工匠精神，激励广大青年走技能成才、技能报国之路。

在伟大思想的指引下，技工教育爆发出巨大的势能，沿着高质量发展之路大步向前。

顶层设计不断完善。2017年6月，中共中央、国务院印发《新时期产业工人队伍建设改革方案》，为技工教育发展指明了方向。人力资源社会保障部先后印发《技工教育“十三五”规划》《技工教育“十四五”规划》，为技工教育事业发展描绘新蓝图，开启新格局。2022年修订的《中华人民共和国职业教育法》，明确了职业教育是与普通教育具有同等重要地位的教育类型，“不同类型”“同等重要”，有力地增进了社会共识，提高了社会对职业教育的认可度。

技工院校人才培养质量不断提升。通过举办全国技工院校教师职业能力大赛、全国技工院校学生创业创新大赛，定期开展全国骨干技工院校校长高级研修活动，推进世界技能大赛成果转化研究，开发技能人才培养标准，有力促进师资能力水平和学生创业创新素质的提升。技工院校以就业为导向，实行“招生即招工、入学即入厂”的办学模式，主动对接地方产业，把行业、企业需求作为技能人才培养的目标和标准。无人机操控技术、3D打印技术应用、物联网应用技术等一大批新专业应运而生。坚持从实际出发，技工院校聚焦当地产业模式，探索集团化办学，以统筹优化教育资源，促进技能人才精准培养，聚焦服务实体经济，推进专业产业紧密对接。

▲广东省机械技师学院西门子校企双制班学生在西门子机电工控园进行实训操作

▲北京首钢机电公司数控车工高级技师卫建平现场指导学生进行生产性实训

▲技工院校以就业为导向，对接地方产业

崇尚技能的社会氛围愈加浓厚。针对经济待遇偏低、社会地位不高、发展通道狭窄，人们不愿意学技能、从事技能工作的问题，人力资源社会保障部健全完善新时代技能人才职业技能等级制度，启动特级技师评聘试点，实行“新八级工”制度；印发《技能人才薪酬分配指引》，推动企业建立健全符合技能人才特点的工资分配制度。各级人力资源社会保障部门积极改革评价机制，推行社会化职业技能等级认定，推动各级各类企业自主开展技能人才评价；引导鼓励技工院校毕业生报考事业单位，为技工院校毕业生搭建平等就业通道；开展世界青年技能日、职业教育活动周等活动，打造“技能中国行”“走基层、技校行”等宣传品牌，让尊重劳动、尊重技能、尊重创造成为社会共识。

大事记

2014 年 12 月 18 日，第 69 届联合国大会将每年 7 月 15 日确定为“世界青年技能日”，旨在解决青年中大量存在的失业和就业不足问题，为青年创造更好的社会和经济条件。

背景链接

“一人当工人，养活全家人。工资比厂长还要高。”在老一辈人的记忆里，从前的“八级工”受尊重、有声望，收入也很高。20 世纪 50 年代至 80 年代，“八级工”是伴随我国工资等级制度建立起来的技能等级体系。当时，工人的技能等级同薪酬水平挂钩，分为八个等级。“八级工”不仅成了顶级工匠的代名词，也影响了几代青年人的职业选择。此后，由于无法适应经济社会发展，不能真实反映技能水平和贡献程度，“八级工”制度逐渐退出历史舞台。

20 世纪八九十年代，我国借鉴国际劳工组织标准，建立起初、中、高三级技能等级结构，并在高级工之上设立技师、高级技师技术职务。此后，初级工、中级工、高级工、技师、高级技师“五级工”的职业技能等级制度逐步确立，沿用至今。

2022 年 3 月，“新八级工”职业技能等级序列出台，这是关乎全国 2 亿技能劳动者的新人才评价制度。“新八级工”将原有的五级技能等级延伸为八级——学徒工、初级工、中级工、高级工、技师、高级技师、特级技师、首席技师，进一步拓宽技能人才发展晋升通道，提高其待遇水平，打破其成长“天花板”。

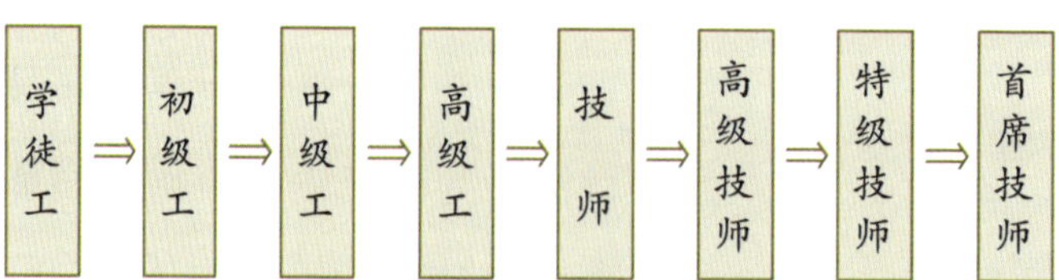

▲“新八级工”职业技能等级序列

职业技能等级（岗位）要求

序号	级别名称	基本要求
1	学徒工	能够基本完成本职业某一方面的主要工作
2	初级工	能够运用基本技能独立完成本职业的常规工作
3	中级工	能够熟练运用基本技能独立完成本职业的常规工作；在特定情况下，能够运用专门技能完成技术较为复杂的工作；能够与他人合作
4	高级工	能够熟练运用基本技能和专门技能完成本职业较为复杂的工作，包括完成部分非常规性的工作；能够独立处理工作中出现的问题；能够指导和培训初、中级工
5	技师	能够熟练运用专门技能和特殊技能完成本职业复杂的、非常规性的工作；掌握本职业的关键技术技能，能够独立处理和解决技术或工艺难题；在技术技能方面有创新；能够指导和培训初、中、高级工；具有一定的技术管理能力
6	高级技师	能够熟练运用专门技能和特殊技能在本职业的各个领域完成复杂的、非常规性工作；熟练掌握本职业的关键技术技能，能够独立处理和解决高难度的技术问题或工艺难题；在技术攻关和工艺革新方面有创新；能够组织开展技术改造、技术革新活动；能够组织开展系统的专业技术培训；具有技术管理能力
7	特级技师	在生产科研一线从事技术技能工作、业绩贡献突出的“企业高技能领军人才”。能够熟练运用专门技能和特殊技能在本职业的各个领域完成复杂的、非常规性工作；精通本职业及相关职业的重要理论原理及关键技术技能，能够独立处理和解决高难度的技术问题或工艺难题；承担传授技艺的任务，在技能人才梯队培养上作出突出贡献
8	首席技师	在技术技能领域作出重大贡献，或在本地区、本行业企业具有公认的高超技能、精湛技艺的“地方或行业企业高技能领军人才”。为地方、行业企业高技能人才队伍建设作出突出贡献；为国家重大技术攻关、成果转化、技术创新、发明等作出突出贡献，在地方、行业企业的技术进步与发展中发挥关键作用，专业水平在地方、行业企业具有很高认可度和影响力

一系列改革举措，让技能人才有尊严、有出路、有奔头，技工教育也迎来了发展的春天。

▲“杭州工匠”杨金龙

经过不断发展，我国形成了以技师学院为龙头、以高级技工学校为骨干、以普通技工学校为基础的现代技工教育体系。截至 2022 年底，全国共有 2 551 所技工院校，在校生 445 万人。因为接受技工教育，许多人的命运因此而改变，许多人的梦想因此而实现，许多人的幸福因此而成就。

▲“砌筑工状元”邹彬

2022 年北京冬奥会上，北京工贸技师学院学生张梓哲用各式各样的“蛋式”早餐征服了运动员们的味蕾，收获了十几枚徽章和 5 封感谢信。

▲“北京大工匠”胡萍

历届世界技能大赛中，众多技工院校参赛选手崭露头角、摘金夺奖。“杭州工匠”杨金龙、“砌筑工状元”邹彬、“北京大工匠”胡萍等皆出自技工院校，展示出技工院校强大的技能人才培养实力。

得益于技工教育的蓬勃发展，我国高技能人才队伍迅速壮大。截至2021年底，高技能人才超过6 000万人，占技能人才总量的30%。中国高铁奔驰神州大地，C919大型客机飞上蓝天，“中国天眼”落成启用，北斗导航系统正式开通，技工教育大显身手，大国工匠奋楫笃行，大国制造屡创奇迹。

▲复兴号高铁列车

▲“中国天眼”

高铁是中国装备制造业走向世界的一张名片，是一张中国人引以为豪的名片。中国高铁从技术引进到自主创新，建立起一套具有自主知识产权的世界一流的技术体系，是世界上运营里程最长、在建规模最大、拥有动车组列车最多、运营最繁忙的高铁体系。

坐在飞一般的高铁列车里，你是否想过：高铁列车是怎样制造出来的？简单来说，高铁列车由四大部分组装而成：车体、转向架、车上下大部件、车内设施。在每一部分的生产制造过程中，都会用到多种技术技能。通过网络搜索，了解高铁的制造过程，并以思维导图的形式记录下来。

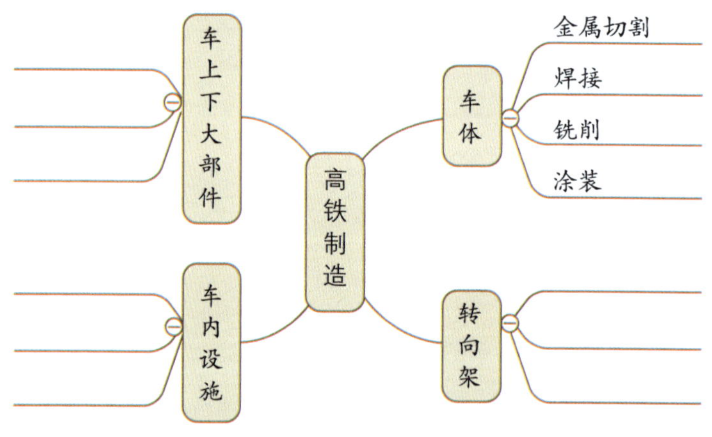

◎ 闪耀世界中国红 ◎

2019 年 8 月 27 日晚，俄罗斯喀山竞技场，灯光璀璨，风云激荡。

“China…China…”随着主持人宣布第 45 届世界技能大赛 56 个项目奖项获得者的声音，一个个中国青年身披国旗跃上领奖台，一抹抹鲜艳的“中国红”在世界技能舞台大放异彩。

一个技能大国跃升的印记在这里鲜明标注，一个民族复兴前行的坚实足音在此刻铿锵回响。

▲第 45 届世界技能大赛获奖时刻

世界技能大赛是最高层级的职业技能赛事，每两年举行一届，其竞技水平代表了各领域职业技能发展的世界先进水平，被誉为“世界技能奥林匹克”。我国于 2010 年 10 月正式加入世界技能组织后，连续参加世界技能大赛，竞赛成绩连年突破，屡创新高。

2011年在英国伦敦举办的第41届世界技能大赛上，我国派出6名选手参加了6个项目的比赛，获得1枚银牌和5个优胜奖。

2013年在德国莱比锡举办的第42届世界技能大赛上，我国派出26名选手参加了22个项目的比赛，获得1枚银牌、3枚铜牌和13个优胜奖。

2015年在巴西圣保罗举办的第43届世界技能大赛上，我国派出32名选手参加了29个项目的比赛，获得5个项目金牌、6个项目银牌、3个项目铜牌和12个优胜奖，实现金牌零的突破。

2017年在阿联酋阿布扎比举办的第44届世界技能大赛上，我国派出52名选手参加了47个项目的比赛，获得15个项目金牌、7个项目银牌、8个项目铜牌和12个优胜奖，居金牌榜、奖牌榜和团体总分首位。

2019年在俄罗斯喀山举办的第45届世界技能大赛上，我国派出63名选手参加了全部56个项目的比赛，获得16个项目金牌、14个项目银牌、5个项目铜牌和17个优胜奖，蝉联金牌榜、奖牌榜和团体总分第一，金牌数、奖牌数、团体总分超越上届，取得了新的突破。

2022年9—11月，2022年世界技能大赛特别赛分别在15个国家举办。中国代表团参加了全部62个项目中的34个项目，获得21金3银4铜和5个优胜奖，金牌榜、团体总分再次位居世界第一，为祖国和人民赢得了荣誉。

▲世界技能大赛比赛场地

▲比赛中的选手

▲世界技能大赛选手成为青少年技能成才的学习榜样

中国登上世界技能之巅，见证了中国技能健儿的拼搏之路，彰显出中国特色职业技能开发的独特优势。

广泛组织开展技能竞赛，既是加强技能人才培养选拔、促进优秀技能人才脱颖而出的重要途径，也是激发广大职工和青年学子学习技能、钻研技术的交流平台，更是弘扬工匠精神、培养大国工匠的重要手段。

党的十八大以来，我国构建起以世界技能大赛为引领、中华人民共和国职业技能大赛为龙头、全国行业职业技能竞赛和地方各级职业技能竞赛以及专项赛为主体、企业和院校职业技能比赛为基础的、具有中国特色的职业技能竞赛体系。

近年来，我国每年举办国家级一类大赛近 10 项、国家级二类竞赛 70 余项，参与竞赛人数达上千万人次，涉及竞赛职业工种上百个。同时，各地区也结合实际组织开展了各级各类竞赛活动。

技能竞赛为广大技能人才提供了展示精湛技能、相互切磋技艺的平台，也为优秀技能人才脱颖而出搭建了圆梦舞台。

习近平总书记
致首届全国职业技能大赛的贺信

值此我国首届职业技能大赛开幕之际，我向大赛的举办表示热烈的祝贺！向各位参赛选手和广大技能人才致以诚挚的问候！

技术工人队伍是支撑中国制造、中国创造的重要力量。职业技能竞赛为广大技能人才提供了展示精湛技能、相互切磋技艺的平台，对壮大技术工人队伍、推动经济社会发展具有积极作用。希望广大参赛选手奋勇拼搏、争创佳绩，展现新时代技能人才的风采。

各级党委和政府要高度重视技能人才工作，大力弘扬劳模精神、劳动精神、工匠精神，激励更多劳动者特别是青年一代走技能成才、技能报国之路，培养更多高技能人才和大国工匠，为全面建设社会主义现代化国家提供有力人才保障。

预祝大赛取得圆满成功！

习近平

2020年12月10日

人物链接

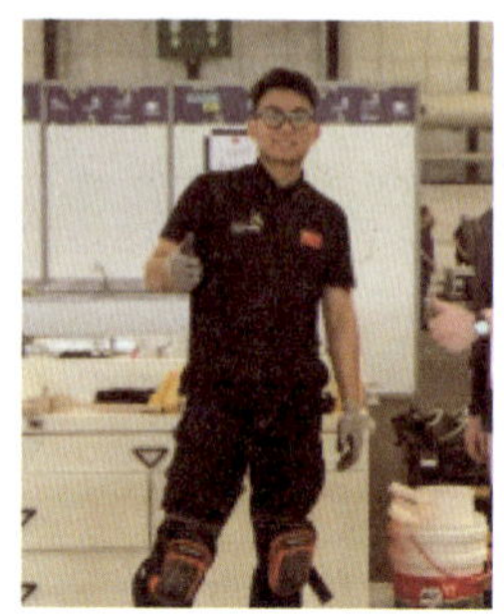
▲马宏达

“以前没想过，‘刮腻子’还能走上世界舞台。”法国当地时间2022年10月23日，世界技能大赛特别赛法国赛区在法国西南部城市波尔多收官。中国选手马宏达摘得抹灰与隔墙系统项目金牌，实现中国队在该项目上金牌零的突破。

马宏达出生于2000年，2016年进入浙江建设技师学院学习。“读初中时，我成绩比较差。”谈及过往，马宏达并不避讳曾经在学习上的短板。如今，通过学一门手艺、精通一门技术，成为世界冠军，马宏达非常自豪：“当披上国旗的那一刻，会觉得一切都是值得的。”

技能竞赛是练兵场，也是人才培养的风向标，带动了技工院校整体教学质量的提升。

近年来，人力资源社会保障部大力推进世赛成果转化工作，推动技工教育改革创新，让优质的教学资源覆盖技能学子。各地技工院校纷纷积极转化世赛成果，对接国际先进标准，改革课程设置，让培养世赛选手的方式方法、技术要求等惠及更多学生。

以赛促教、以赛促研、以赛促学，技工院校人才培养质量不断提升。2020年12月，中华人民共和国第一届职业技能大赛在广州闭幕。一家企业以百万年薪的意向，向广东省技师学院选手、物联网技术项目金牌获得者刘思雨伸出橄榄枝。2021 年，全国技工院校毕业生就业率为 97.2%，一大批骨干技工院校毕业生就业率达到 100%，成为就业市场上唯一逆势上扬的群体。

技能竞赛是群英会，也是宣传会。通过层层动员、培训、选拔，世界技能大赛在全社会激荡起阵阵涟漪，凭一技行天下的观念深入人心。

第 44 届世界技能大赛工业机械装调项目冠军、江苏省常州技师学院学生宋彪，斩获了“阿尔伯特·维达”奖，受到江苏省重奖：被破格授予“江苏大工匠”称号，奖励 80 万元，记个人一等功。“一路走来，我深切体会到党和国家对技能人才的重视，也让我更加坚定走技能成才这条路。我要做好技能传授工作，带领更多年轻人走好技能成才这条路。”毕业后选择留校任教的宋彪说。

▲江苏省常州技师学院宋彪以全场最高分荣膺第 44 届世界技能大赛“阿尔伯特·维达”奖

近年来，技能人才受到重奖的例子屡见不鲜。各地纷纷出台优秀高技能人才表彰奖励政策，世界技能大赛优秀选手作为“青年偶像”，频频出现在网络、电视等媒体节目中。“现在报读焊接专业的学生增加了一倍多！往年招两三个班，现在都是五六个班。”提起世界技能大赛的带动作用，中国十九冶集团有限公司焊工高级技师、攀枝花技师学院教师、焊接项目国家队教练周树春感受颇深。

我国参加世界技能大赛以来，约 83% 的选手来自院校，其中约 60% 来自技工院校。世界技能大赛的星星之火，已掀起技能学习的热潮。国家为了鼓励和支持世界技能大赛选手，给予重金奖励，并晋升相应职业资格等级。

世界技能大赛中国（广州）研究中心对世界技能大赛参赛选手的职业发展情况进行了调查研究。结果显示，比赛后，世界技能大赛选手的学历和职称不断提升，高级及以上职业资格等级人数日益增长。截至调查结束，在第 41 届至第 45 届世界技能大赛选手中有近 70% 获得了“全国技术能手”称号，有的还获得了中国青年五四奖章，也有的当选人大代表、政协委员。

技能大赛带动劳动者素质全面提高，为经济结构转型升级和高质量发展提供技能人才支撑。

“之前这个岗位招的都是双一流大学毕业的学生！”凭借在第 43 届世界技能大赛中的优异表现，“95 后”小伙子邹彬被破格录取为中建五局总承包公司项目质量员，获得了和名校毕业生在一个平台工作的机会，并很快成长为项目质量总监，还拥有了以自己名字命名的工作室。

以“制造业当家”的广东，近年来在世界技能大赛上连续多届金牌数位居全国第一。其背后，是世赛效应、技工教育、经济社会发展的同频共振。到 2023 年初，广东已建成全国最大的技工教育体系，全省 148 所技工院校与 100 多家世界 500 强企业及国内 800 多家大型企业深入开展校企合作，“校企双制”班学生超 18 万人，技工院校在校生约占全国的六分之一。高水平“广东技工”成为全面建设社会主义现代化国家新征程上的有力支撑。

在第四次工业革命渐隆的鼓声里，风华正茂的中国技能新星正走上时代舞台，中国技能和中国制造的光明未来，愈发清晰可见。

世界技能大赛比赛项目共分为 6 个大类，分别为结构与建筑技术、创意艺术与时尚、信息与通信技术、制造与工程技术、社会与个人服务、运输与物流。

你所学习的专业是否有世赛相关项目？登录世界技能大赛中国组委会官方网站，了解更多关于世赛项目的信息。

你是否也有一个世赛梦？

◎ 技能辉映中国梦 ◎

2012 年 11 月 8 日，举世瞩目的中国共产党第十八次全国代表大会在北京开幕。中国共产党在开放与自信中写下继往开来、团结奋进的时代篇章，中国特色社会主义进入新时代。

紧扣时代脉搏，书写时代华章。党的十八大以来，技工教育不断与时俱进，开拓创新，在时代洪流中书写了亮丽篇章。

技工教育不断发展壮大，培养的技能人才量质齐升，支撑产业转型升级凯歌奋进。

▲林春泷获得第 43 届世界技能大赛制造团队挑战赛项目金牌

2015 年 7 月，“95 后”小伙儿林春泷从广东省机械技师学院毕业后就被中国空空导弹研究院录用，成为大国工匠鲁宏勋班组的一员，负责加工空空导弹内精度达一根头发丝六分之一的精密零件。他在实践中不断磨炼，现在已经成为可以带徒弟的青年骨干，被任命为副组长。

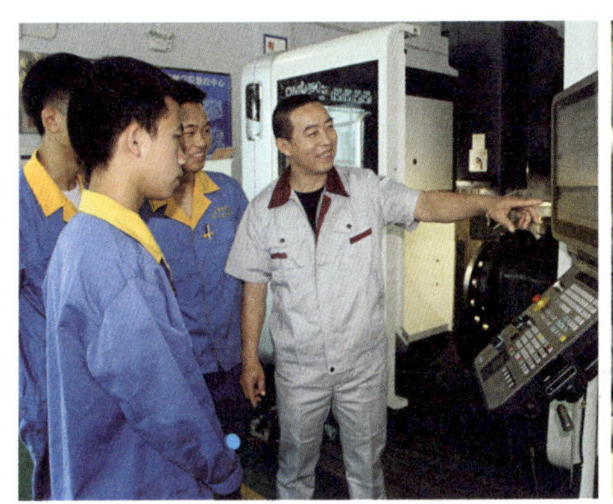

▲技工学校聘请企业高级技师指导学生进行生产性实训

进入新时代，我国经济发展进入速度变化、结构优化、动力转换的新阶段。“工业强国都是技师技工的大国，我们要有很强的技术工人队伍。”推动产业发展，为全面小康奠定基础，其他劳动要素还可能引进，唯有数以亿计的高素质劳动者无法引进，必须抓好技能人才队伍建设。

为培养更多高素质技术技能人才、能工巧匠，技工教育牢牢抓住大改革大发展的历史机遇期，不断提高站位，加快发展。各地积极实施企业新型学徒制，推进教学改革，开展校企合作。充分发挥企业主体作用，引导企业通过冠名办班、订单培养、顶岗实习等方式，参与到技能人才的培养之中。广泛参与开展职业技能培训，实施“互联网+职业技能培训计划”。全国技工院校每年向生产服务一线输送近百万技能人才，有力筑牢了技能人才“金字塔”的底座。

▲推进新型学徒制项目建设

技能探秘

为高校科研人员提供技术服务，成为科学家的左膀右臂，对于从技工院校毕业的学生来说是多么荣耀的事。2012 年，国内唯一一个全日制电子显微镜技术专业在河南化工技师学院开设了，谢云超是第一届学生。曾经的他高考失利，无意间的一次选择给他的人生带来了翻天覆地的变化。现如今，谢云超已经在北京大学入职。

谢云超说：“我家是农村的，小时候家长开玩笑，清华北大是个梦想，我就没想过能考上。我们私底下开玩笑，我们考不上清华北大，但我们来清华北大上班了。”

河南化工技师学院电子显微镜技术专业每年只开一个班。学院与全国 40 余家单位签订了就业协议，学生一毕业就能去全国重点高校、研究所工作，北大、清华、浙大、中科院都有河南化工技师学院毕业生的身影。

在不断壮大的技能人才大军助力下，我国从“制造大国”向“制造强国”跃升迈出坚实的步伐。从“嫦娥”奔月到“祝融”探火，从“北斗”组网到“奋斗者”深潜，从港珠澳大桥飞架三地到北京大兴国际机场凤凰展翅，重大科技成就、大国重器、超级工程不断涌现，中国制造、中国创造、中国建造深刻改变着中国的面貌。

▲ 2018 年 10 月港珠澳大桥开通运营

▲ 2019 年 9 月北京大兴国际机场通航

技工教育夯筑了人才基础和实体经济竞争最坚实的底气。“把制造业搬回美国？中国工人和产业链难取代！”面对激烈的国际竞争格局，一家外国媒体发出了这样的感慨，折射着崇技尚能的中国不断释放的巨大魅力。

技工教育助力脱贫攻坚，为万千群众开启就业“薪”生活，扩展了脱贫攻坚的中国经验和中国方案。

战胜贫困、实现小康，是中华民族的千年夙愿。党的十八大以来，以习近平同志为核心的党中央动员全党全国全社会力量向贫困发起总攻，书写了“敢教日月换新天”的减贫史诗。

技工教育是阻断贫困代际传递的有效途径。人力资源社会保障部门以技工教育为抓手，充分发挥技工院校技能人才培养主阵地作用，凝神聚力、全力攻坚，点亮群众脱贫致富之路。

贫困发生在哪里，技工教育就办到哪里。以技工院校为主阵地，深入推进技能脱贫千校行动，完善绿色通道、“一站式”招生服务，为贫困家庭学生提供免费技工教育，为贫困劳动力提供免费技能培训，帮助更多贫困家庭子女、“两后生”走进校门学习技能。全国44所技工院校对口帮扶“三区三州”，新建技工院校或开设分校10所，实现“三区三州”技工教育全覆盖和对口帮扶全覆盖。开展“三区三州”职业技能大赛、全国扶贫职业技能大赛，推动贫困地区群众走技能成才、技能脱贫之路，端稳就业“铁饭碗”。

统计显示，脱贫攻坚战中，全国共有 1 200 余所技工院校参与技能脱贫千校行动，全国技工院校累计招收建档立卡贫困家庭子女超 36 万人。学生读得起、学得好、稳就业，成千上万贫困家庭斩断穷根，无数梦想从此拔节生长。

▲“送教下乡、智力进村、技能到户”培训现场，将技能送到农牧民家门口

▲吉林省工业技师学院购置技能扶贫流动车用于送技能下乡，助力脱贫攻坚

▲蒋应成获得第 44 届世界技能大赛汽车喷漆项目金牌

“是技工教育让我走出了大山，真正改变了我的命运。如果没有技能脱贫，我就不可能成为世界技能大赛冠军，也不会有今天的生活。”来自云南保山的少年蒋应成，通过学习技能，站上了世界技能之巅。如今已是杭州技师学院教师的他，打开了人生新的天地。

同样因技工教育改变命运的，还有独龙族姑娘孔燕花。2015 年 5 月，19 岁的孔燕花和 42 名云南贡山县独龙江乡老乡一起前往大理州剑川县，开始了为期 3 个月的木雕技术培训。“人社部门不仅给我们准备了木雕使用的工具、材料，还针对我汉语不太好的情况，找了专门的翻译老师和心理辅导老师。”周到的安排让孔燕花深受感动。通过扎实的培训，孔燕花和老乡们返回独龙江乡，成立了独龙族手工艺协会，以精湛的木雕技艺为独龙江乡技能脱贫注入鲜活力量。

技能教育变“输血”为“造血”，成为中国扶贫“工具箱”里的利器，为大国治贫提供了有力支撑。《中国的减负行动与人权进步》白皮书指出：“中国政府大力实施就业优先战略和更加积极的就业政策，提供职业技能培训，加强就业创业服务，有效保障贫困人口工作权利。”技工教育功不可没。

技工教育为青年搭建成长圆梦的舞台，让更多喜欢技能、追崇技能的青年人享有人生出彩的机会。

当代中国青年生逢其时，施展才干的舞台无比广阔，实现梦想的前景无比光明。

——习近平总书记在中国共产党第二十次全国代表大会上的报告

2019 年 10 月 1 日，北京。庆祝中华人民共和国成立 70 周年大会隆重举行。在天安门广场观礼台上，第 45 届世界技能大赛焊接项目金牌获得者、22 岁的赵脯菠心潮澎湃。此时，他实现了儿时“长大以后去天安门看看”的心愿。

赵脯菠出生在曾属于国家深度贫困地区的四川省凉山州会理市大山深处。“我是幸运的，出生在一个伟大的时代，在党和国家对技能人才的高度重视和大力培养下，我用一把焊枪为祖国争得了荣誉，实现了自己的青春梦想。”如今，作为助教的赵脯菠，正着力培养下一届世界技能大赛焊接项目选手，如一颗发光的星星，点亮更多年轻的梦想。

从农家小院的普通男孩，到跳上领奖台的世界冠军，再到受邀现场观礼国庆阅兵，赵脯菠个人梦想的实现，折射着时代进步的光芒。

美好的生活不只是物质的丰盈，还有精神文化的丰富、人生价值的实现。劳动没有高低贵贱之分，任何一份职业都很光荣。让从事技能工作的劳动者享有公平出彩的机会，这是中国奔向全面小康的基本追求，是百姓的希冀，也是“为人民谋幸福”的使命所系。

劳模精神	爱岗敬业、争创一流，艰苦奋斗、勇于创新，淡泊名利、甘于奉献
劳动精神	崇尚劳动、热爱劳动、辛勤劳动、诚实劳动
工匠精神	执着专注、精益求精、一丝不苟、追求卓越

从党的十九大报告中专门提出“营造劳动光荣的社会风尚和精益求精的敬业风气”，到政府工作报告中多次强调“工匠精神”；从组织开展职业教育活动周，到大力宣传青年技能人才的先进事迹，一系列措施的实行，营造出良好氛围，让技工教育不断“香起来”“热起来”，也让“技能成就梦想”不断照进现实，演绎出无数精彩的故事，成为广大青年实现人生理想的重要途径。

建筑石雕“筑”出世界冠军，拧螺丝“拧”成全国劳模，手持焊枪登上国际大赛领奖台，身怀绝技绝活可拿百万年薪……选择技工教育，“尚技者”实现人生出彩、体面劳动、全面发展，擦亮了全面小康的幸福底色，延展为中国式现代化进程中最为璀璨的亮色，温暖而清晰。

青年一代有理想、有本领、有担当，国家就有前途，民族就有希望。实现中华民族伟大复兴的中国梦，需要一代又一代有志青年接续奋斗。同学们，我们每一个人的努力都是在为祖国的建设添砖加瓦。请在下面方框里写下你的专业名称、你未来可能就业的企业名称，并对企业所在行业做一个小调查，重点了解行业的发展情况以及该企业为国家建设作出的主要贡献。

我的专业

面向企业

行业调查

◎ 逐梦起航新征程 ◎

历史洪流奔涌向前，追梦的脚步一刻不停。

2022 年 10 月金秋，神州大地天清气朗，山河锦绣。迎着收获的喜悦，中国共产党第二十次全国代表大会在北京召开。

这是在全党全国各族人民迈上全面建设社会主义现代化国家新征程、向第二个百年奋斗目标进军的关键时刻召开的一次十分重要的大会。党的二十大科学谋划党和国家事业发展的目标任务和大政方针，擘画了新时代中国特色社会主义的宏伟蓝图，明确提出了新时代新征程的使命任务。

▲ 2022 年 10 月 16 日中国共产党第二十次全国代表大会在北京开幕（中新图片供图）

从现在起，中国共产党的中心任务就是团结带领全国各族人民全面建成社会主义现代化强国、实现第二个百年奋斗目标，以中国式现代化全面推进中华民族伟大复兴。

——习近平总书记在中国共产党第二十次全国代表大会上的报告

技术工人队伍是支撑中国制造、中国创造的重要力量。培养造就更多技能人才，能为全面建设社会主义现代化国家提供有力人才保障和坚实技能支撑。新阶段、新征程，技工教育迎来新使命，站在了时代的风口上。

这是一个技工教育大有可为、大有作为的时代——

自 18 世纪以来，几次重大科技革命带来机械化、电气化、自动化、信息化等多次产业革命，世界发展面貌和格局随之深刻改变。当前，百年未有之大变局加速演进，全球科技创新进入空前密集活跃时期，新一轮科技革命和产业变革蔚然成势，正在重构全球创新版图、重塑全球经济结构。谁能在科技创新方面占据优势，谁就能够掌握发展的主动权。

学习聚焦

技术工人队伍是支撑中国制造、中国创造的重要力量。

秘

▲ C919

让中国的大飞机飞上蓝天，是中国人共同的梦想。2017 年 5 月 5 日，当我国首款按照国际通行适航标准自行研制、具有自主知识产权的大型喷气式民用飞机 C919 闪亮出场、直冲云霄的时候，中国商用飞机有限责任公司上海飞机制造有限公司钣金制造车间飞机钣金工陈昆和工友们一样，再也按捺不住激动的心情，兴奋地和工友们拥抱在一起，欢呼着，雀跃着……这一刻，多少失败、挫折，仿佛都在一瞬间被抛到了九霄云外。

上海飞机制造厂技校毕业的飞机钣金工陈昆，已经坚守大飞机事业 20 多年。他与身边的工友一起，亲眼见证了中国大飞机从无到有，亲身参与了从生产到组装、从组装到首飞的全过程。

1995 年，陈昆进入上海飞机制造厂钣金制造车间，从一名普通的钣金工，成长为一名有钣金铆接手艺的复合型中青年高级技师，一位有管理方法的钣金车间一线班组长。

2014 年 3 月，陈昆接到 C919 大客零件研制任务后，便带领着班组员工加班加点找资料，学习新工艺、新材料的钣金加工方法，完成零件制造 1 000 多项，凭借精湛的技艺攻克了一个又一个难关，为大飞机研制赢得了宝贵的时间。

▲ C919 背后的高技能人才

人才是创新的根基，创新驱动实质上是人才驱动。习近平总书记强调，要加快建设包括大国工匠、高技能人才等在内的国家战略人才力量。新时代需要高技能人才，高质量发展呼唤大国工匠。培养造就一支爱党报国、敬业奉献、技艺精湛、素质优良、规模宏大、结构合理的高技能人才队伍，技工院校责无旁贷。借机借势借力发挥培养高技能人才的首要作用，深化改革、创新模式，与伟大事业同频共振，技工教育一定会取得新发展，再上新台阶，书写出为党育人、为国育才的精彩历史篇章。

我们要坚持教育优先发展、科技自立自强、人才引领驱动，加快建设教育强国、科技强国、人才强国，坚持为党育人、为国育才，全面提高人才自主培养质量，着力造就拔尖创新人才，聚天下英才而用之。

——习近平总书记在中国共产党第二十次全国代表大会上的报告

这是一个技工教育必须担当使命、筑牢民生保障“压舱石”的时代——

我国是人口大国，预计到2030年之前劳动力规模都保持在8亿人以上，就业总量压力长期存在。随着经济发展方式转变、产业结构调整、技术革新步伐加快，劳动力供求不匹配的结构性矛盾越来越突出。数据显示，我国技能劳动者的求人倍率一直在1.5以上，高级技工的求人倍率甚至达到2以上的水平，就业呈现总量压力与结构性矛盾并存、“招工难”与“就业难”并存的现象。

加强技能人才工作，是解决就业总量矛盾、缓解就业结构性矛盾最有效的举措，也是践行党的初心和使命，助力全体人民实现共同富裕的有效途径。服务保障民生，充分发挥技能人才增收的富民带动作用，技工教育使命光荣，责任重大，必须加快创新发展，展示新作为，作出新贡献。

这是一个技能人才大显身手、大展宏图的时代——

“大国工匠，国家就需要你这样的人。”2021年，在“七一勋章”颁授仪式上，习近平总书记对专注焊工岗位50多年的艾爱国说。温暖人心的话语，既饱含亲切关怀，又寄予殷切期盼，宣示了高技能人才在全面建设社会主义现代化国家中沉甸甸的分量。

纵观大国崛起史，工业强国都是技师技工的大国。当前，立足新发展阶段、贯彻新发展理念、构建新发展格局、推动高质量发展，各行各业对技术技能人才的需求越来越紧迫，党和国家对技术工人越来越重视，不断加强顶层设计，着力推进技工教育和技能人才政策、环境不断完善，劳动光荣的社会风尚和精益求精的敬业风气越来越浓厚。

2023年4月28日，国务院新闻办公室在北京举行中外记者见面会，第十六届中华技能大奖获得者和全国技术能手代表等围绕“技能成才 技能报国”与中外记者见面交流。

南方电网云南昆明供电局继电保护员特级技师李辉认为，在生产实践中，技术工人不可替代的地位已经“越来越凸显”。“正是这种不可替代的作用，让我们在企业获得了尊重。一项新技术有没有缺陷？工程设计施工方案有没有问题？在现场实施的最后一个环节，是要我们技能人员来把控的。把控得好，出的就是优秀产品；把控不好，可能就要出大问题。”

北京北方车辆集团有限公司数控铣工首席技师马小光，从一名技校毕业的普通工人一路走到今天，已经成长为国家级技能大师工作室带头人。2022年，他通过集团公司评审成为首批首席技师，目前薪酬待遇已经比照公司领导标准。在他看来，新时代的技术工人拥有更多创新与创造的条件，在国家发展的快速阶段，也拥有更多可以发挥作用的机会。

中华造船集团有限公司船舶电焊工高级技师魏凤云感慨道：“我们公司有两名‘80后’被评为国家级高技能人才。我们一线工人的积极性越来越高，干劲也越来越足。”

广西汽车集团有限公司特级技师、首席技能专家郑志明则认为，如今技能工人成长空间更广阔了，上升空间也更大了。他所在的公司正在不断改进技能人才的薪酬制度，高技能领军人才可以拿到企业中层领导干部的待遇。郑志明强调：“我认为，不管是什么出身，都能够成长成才。”

掌握一技之长，奋斗成就辉煌。在无数大国工匠的奋斗中，技能成才、技能报国的故事还在接续书写。

时代为高技能人才施展才华提供了难得机遇和广阔舞台。投身时代洪流，与国家同呼吸共命运，只要肯学肯干肯钻研，练就一身真本领，掌握一手好技术，青年学子就一定能立足岗位成长成才，在奋斗中绽放出青春风采。

> 加快建设国家战略人才力量，努力培养造就更多大师、战略科学家、一流科技领军人才和创新团队、青年科技人才、卓越工程师、大国工匠、高技能人才。
>
> ——习近平总书记在中国共产党第二十次全国代表大会上的报告

梦想在前方，奋斗正当时。

作为新时代的青年，让我们更加坚定地走技能成才、技能报国之路，增强矢志创新的勇气、敢为人先的锐气、蓬勃向上的朝气，勇于攀登技能高峰，练就一身绝技绝活，立足岗位积极奉献，以一技之长成就精彩人生！

劳动创造美好生活，技能成就精彩人生。同学们，作为新时代的青年，你是否愿意选择技能成才、技能报国的人生之路？通过前面的学习，想一想，你想成为一个怎样的人？为了成为这样的人，你应该怎样做？为你的梦想制订一个“五年计划”吧！

◎后 记◎

2018年7月15日，人力资源社会保障部在北京举办了世界青年技能日主题活动。为了配合做好宣传，我撰写了《向图强而生　伴复兴而盛——中国技工教育发展印记》一文。这是一篇全面反映技工教育发展历程的新闻报道。文章刊发后，引起热烈反响。

2022年夏天，中国人力资源和社会保障出版集团的编辑同志联系我，希望我能在上述报道的基础上，编写一本通俗读物，让更多青年学子了解技工教育，坚定走技能成才、技能报国之路。利用手中积累的素材，经过一年努力，本书终于呈现在读者面前。本书选取技工教育发展中的重大节点、重要事件、重点人物，介绍技工教育百年发展历程，力求让青年学子了解技工教育及其在社会发展中的重要作用。由于能力水平有限，加上史料浩如烟海，时间紧张，援引的资料难免存在疏漏、不足和偏差，不准确、不到位的地方，敬请读者和有关专家批评指正。

本书在编著过程中，得到了中国人力资源和社会保障出版集团党委书记张斌的指导，部分资料得到了崔秋立、高阳等同志的大力支持，在此一并致谢！

编者

2023年6月